INSELWELTEN IM PAZIFIK

Südsee · Australien · Neuseeland

INSELWELTEN IM PAZIFIK

Südsee · Australien · Neuseeland

Text und Fotografie
Alain Chenevière

Übersetzung aus dem Französischen
Ute Parzich
Charlotte Ronsiek

BUCHER

EINLEITUNG

Pazifik! Seit dem 16. Jahrhundert läßt dieser Begriff Seefahrer und Abenteurer ins Schwärmen geraten, weckt Träume von weiten Reisen und exotischen Entdeckungen. Beeindruckt von der Ruhe seiner Fluten gab Magellan dem Meer 1520 seinen Namen: Stiller Ozean.

Selbst heute noch ruft dieser magische Begriff die Vorstellung vom Paradies auf Erden hervor. Die Bilderbögen von einst, später, im 20. Jahrhundert, Kino und Werbung, verklärten das Bild vom Pazifik und idealisierten seine Inseln mit ihren feinsandigen Stränden, schattenspendenden, sich sanft im Wind wiegenden Kokospalmen, seine prachtvollen Meerestiefen mit ihren schillernden Fischen, die unbeschwerte Lebensart der Insulaner und die Schönheit ihrer Frauen. Diese Meinung wird durch eine Vielzahl von Schriftstellern, Schauspielern, Gelehrten oder reichen Geschäftsleuten von Robert Louis Stevenson über Herman Melville, Paul Gauguin, Alain Gerbaut, William Somerset Maugham, Margaret Mead und Marlon Brando bis Jacques Brel bestärkt, die sich auf einer einsamen Insel oder einem Pazifikatoll zeitweilig oder auf Dauer niedergelassen haben.

Aber der Pazifik ist nicht nur ein Ort der Träume. Er ist auch und vor allem eine neue Welt. Fast alles ist hier noch entwicklungsfähig. Mehr noch als Amerika hätte er die Bezeichnung Neue Welt verdient, denn er war die letzte Region auf der Erdkugel, die die Europäer entdeckten. Nachdem er zunächst Kapitäne, Missionare und Gelehrte in seinen Bann gezogen hatte, geriet er im 19. Jahrhundert nahezu in Vergessenheit. Erst Anfang des 20. Jahrhunderts begann die Welt sich erneut für diesen sagenhaften, aus riesigen Wasserflächen bestehenden Kontinent zu interessieren, der große wirtschaftliche und strategische Möglichkeiten bietet. Zum Bild eines vom Schmutz moderner Zivilisation bewahrten Garten Edens gesellten sich jedoch auch andere Begriffe. Viele Orte wurden durch den Zweiten Weltkrieg bekannt: Pearl Harbor, Tarawa, Guadalcanal, Midway, Kwajalein… Andere Namen sind mit Bodenschätzen oder bestimmten Ereignissen verknüpft: So kennt man beispielsweise Bougainville und Neukaledonien wegen ihrer Kupfer- und Nickelvorkommen oder aufgrund des bewaffneten Kampfes der Bevölkerung für ihre Unabhängigkeit; Bikini, Eniwetok und Mururoa sind als Testgebiete für Kernwaffen bekannt geworden – wahrhaftig ein weit weniger freundliches Bild als das erste.

Das vorliegende Buch will den Pazifischen Ozean nicht aus dem Blickwinkel des modernen Westens mit seinen moralischen, wirtschaftlichen und politischen Wertvorstellungen betrachten. Dem Zauber und der Schönheit der Menschen und ihrer Heimat wird hier vor den trockenen Bilanzen und Auflistungen der Vor- oder Nachteile, die Gegenwart und Zukunft bestimmen, der Vorzug gegeben. Der Zauber eines unverfälschten Pazifik wird durch die Beschreibung der einmaligen Landschaften und die Darstellung von Überlieferung und Lebensart der ozeanischen Völker nahegebracht.

Der Ozean ist so riesig und gewaltig, der Himmel so blau, die Natur so schön, daß diejenigen, die das Glück haben, dort zu leben, anders sein müssen als die restliche Menschheit. Dieses Buch möchte den Leser zu einer Begegnung mit diesen Menschen einladen und ihn mitnehmen auf eine Entdeckungsreise in eine faszinierende Natur.

PAZ
Wendekreis des Krebses
Äquator
Wendekreis des Steinbocks
Datumsgrenze
Asuncion
Nördliche Marianen
Saipan
Rota
Agana
GUAM
MARSHALL-INSELN
Bikini
Rongelap
FÖDERIERTE STAATEN VON MIKRONESIEN
Yap
Koror
Moen
Pohnpei
Kolonia
Majuro-Atoll
Kosrae
Lelu
Truk
Westliche Karolinen
Östliche Karolinen
PALAU
NAURU
Tarawa Atoll
Gilbert
PAPUA-NEUGUINEA
Jayapura
IRIAN JAYA
Wewak
Bismarck-Archipel
Bougainville
SALOMONEN
Salomonensee
Javameer
INDONESIEN
Daru
Port Moresby
Honiara
TUVALU
Arafurasee
Timorsee
Carpentaria-Golf
Korallensee
VANUATU
FIDSCHI
Wyndham
Daly Waters
Cairns
Derby
NEUKALEDONIEN
Townsville
Noumea
Alice Springs
Rockhampton
AUSTRALIEN
Brisbane
Geraldton
Kalgoorlie
Broken Hill
Perth
Große Australische Bucht
Sydney
Esperance
Adelaide
Albany
Canberra
Melbourne
Tasmansee
Auckland
New Plymouth
Gisborne
Wellington
Tasmanien
Hobart
Greymouth
NEUSEELAND
Christchurch
Stewart-Insel
Auckland-Insel
110°
120°
130°
140°
150°
160°
170°
20°
10°
10°
20°
30°
40°
50°

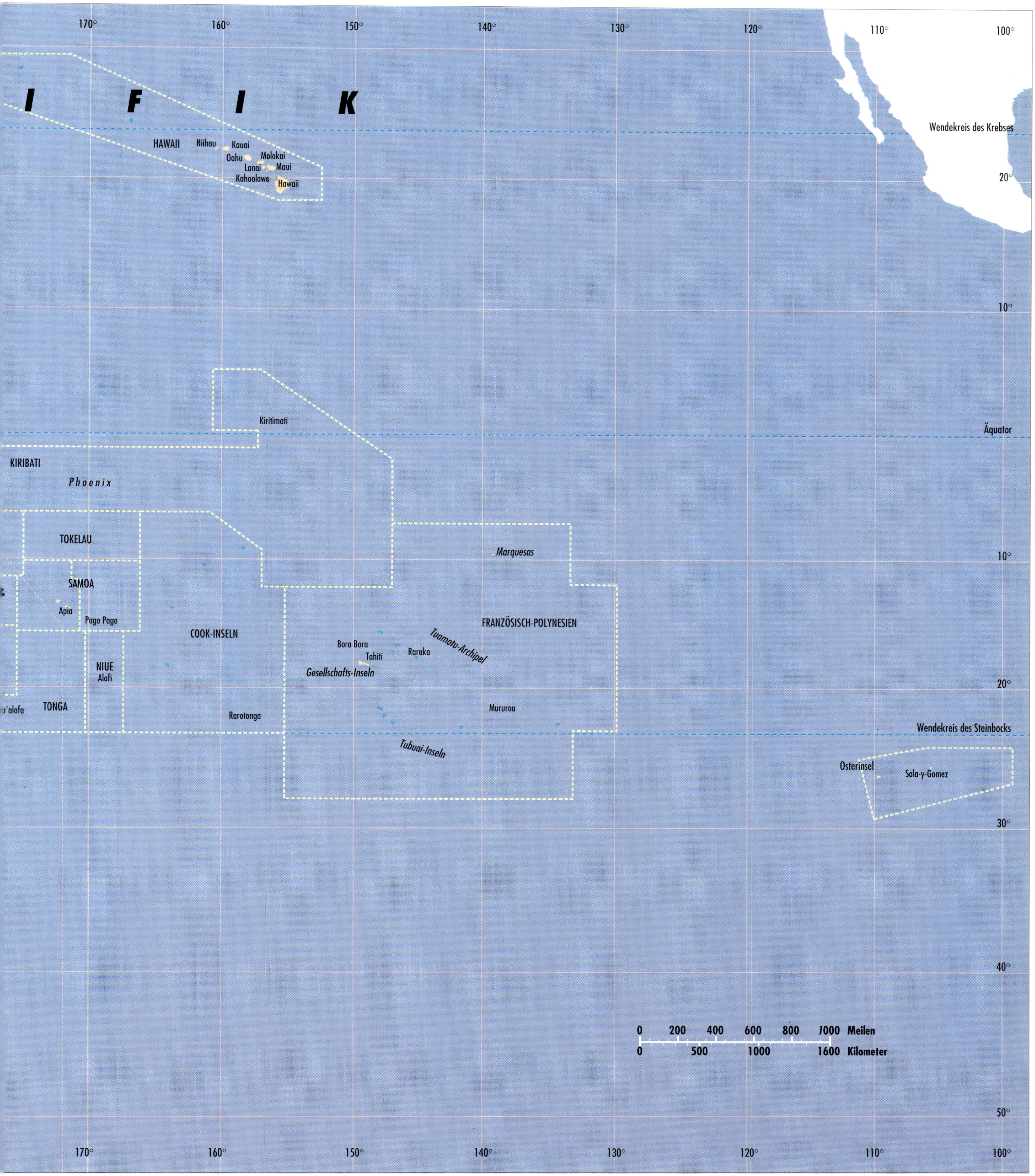

170°
160°
150°
140°
130°
120°
110°
100°
I F I K
Wendekreis des Krebses
20°
HAWAII
Niihau
Kauai
Oahu
Molokai
Lanai
Maui
Kahoolawe
Hawaii
10°
Kiritimati
Äquator
KIRIBATI
Phoenix
TOKELAU
Marquesas
10°
SAMOA
Apia
Pago Pago
FRANZÖSISCH-POLYNESIEN
COOK-INSELN
Tuamotu-Archipel
Bora Bora
Tahiti
Raraka
NIUE
Alofi
Gesellschafts-Inseln
20°
TONGA
u'alofa
Rarotonga
Mururoa
Wendekreis des Steinbocks
Tubuai-Inseln
Osterinsel
Sala-y-Gomez
30°
40°
0 200 400 600 800 1000 Meilen
0 500 1000 1600 Kilometer
50°
170°
160°
150°
140°
130°
120°
110°
100°

DER PAZIFISCHE OZEAN

Die Begriffe «Pazifik» und «Ozeanien» werden oft parallel für dieselbe geographische Region verwendet. Dabei beinhalten die beiden jedoch nicht dasselbe. Der erste Ausdruck bezeichnet ein Meer, und zwar das größte der drei Weltmeere, der zweite einen geographischen Raum, genauer gesagt die über 10000 Inseln im Pazifischen Ozean, die zwischen den Philippinen im Westen, dem amerikanischen Kontinent im Osten und dem südlichen und nördlichen Wendekreis liegen. Aus ethnologischer Sicht wird das Gebiet in Melanesien, Mikronesien und Polynesien untergliedert.

Im weiteren Sinn gilt Ozeanien neben Europa, Afrika, Asien, Amerika und der Antarktis als sechster Erdteil. Das Besondere an Ozeanien besteht darin, daß die Wasserfläche des Pazifischen Ozeans den größten Teil davon einnimmt, deswegen die Parallelität beider Begriffe.

Der pazifische Raum: eine Definition

Der Pazifische Ozean ist mit 180 Millionen Quadratkilometern die größte Wasserfläche der Erde. Er wird im Norden vom fernöstlichen Rußland und Alaska, im Osten vom amerikanischen Kontinent, im Süden vom Südpolarmeer, im Westen von China, den südostasiatischen Inselgruppen und Australien begrenzt. Ozeanien im engeren Sinn umfaßt alle aus dem Pazifik ragenden Landflächen – das sind lediglich 9 Millionen Quadratkilometer, von denen 7,7 Millionen allein auf Australien entfallen.

Der Einfachheit halber und auch weil diese Einteilung die geologischen und völkerkundlichen Gegebenheiten widerspiegelt, wird der ozeanische Raum in fünf Teile gegliedert: Australien, die große Insel Neuguinea und die zahlreichen Archipele und Inseln, die sich auf die drei weiteren Großräume Melanesien, Mikronesien und Polynesien verteilen.

Alle angrenzenden Archipele wie die Aleuten, Japan, die Philippinen und Indonesien sind, obwohl sie auch im Pazifik liegen, davon ausgenommen, da sie sowohl aus geologischer als auch aus historischer und ethnologischer Sicht zum asiatischen Kontinent gehören.

Der Pazifik und seine Randmeere

Die Struktur und Gestaltung des pazifischen Meeresbodens ist relativ gut bekannt. Oft wird zur Charakterisierung der eigentliche Pazifik seinen Randmeeren gegenübergestellt. Einige von diesen Randmeeren sind mit dem Stillen Ozean verbunden, andere wiederum nicht. Die äußeren Randmeere im Westen wie Chinesisches Meer, Japanisches Meer, Celebessee, Bandasee und Philippinenmeer und im Norden Ochotskisches Meer und Beringmeer gehören nicht zum Pazifikgebiet, die inneren Randmeere hingegen – Salomonen-, Korallen-, Arafura-, Tasmansee – werden dazugerechnet.

Die Landschaft auf dem Meeresgrund der inneren Randmeere mit ihrer sehr viel komplexeren submarinen Geographie und Morphologie unterscheidet sich deutlich von der des Pazifischen Beckens. Ihre Entstehung hängt eng mit den auf den asiatischen und australischen Kontinent wirkenden plattentektonischen Vorgängen zusammen. Um dies zu verstehen, muß man sich vorstellen, daß die Erdoberfläche (sowohl Kontinente als auch Ozeane), aufgeteilt in verschiedene Erdkrustenplatten, auf dem Erdmantel «schwimmt». Zwischen den ozeanischen und kontinentalen Krustenplatten besteht ein fundamentaler Unterschied: Kontinente bestehen aus leichteren Gesteinen als die Ozeane, weswegen sie auch – gleichermaßen wie Eisschollen im Wasser schwimmend – höher aufragen und tiefer in den darunter liegenden Erdmantel eintauchen. Dort, wo die Platten zusammenstoßen, wird eine der beiden unter die andere geschoben. An der Stelle, wo die Pazifische Platte unter die Australische Platte taucht, treten langgestreckte Tiefseegräben auf. Beim Abgleiten entstehen in der darüber befindlichen Erdkruste Bruchzonen, die von den Schmelzmassen in der Tiefe als Aufstiegsbahnen genutzt werden, so daß hier intensive vulkanische Tätigkeit auftritt.

Das Pazifische Becken besteht dagegen vor allem aus ozeanischer Kruste, die gleichmäßig, mit einer Geschwindigkeit von etwa elf Zentimetern pro Jahr, nordwestwärts driftet, was auch die Ausrichtung der Inselgruppen erklärt.

Die geologische Zusammensetzung der beiden Zonen ist ebenfalls unterschiedlich. Während der Großteil des vulkanischen Ergußgesteins des Pazifischen Beckens aus Basalt besteht, ist das der Randmeere von andesitischen Gesteinen geprägt. Daher stammt auch die Bezeichnung Andesit-Linie für die Nahtstelle zwischen diesen beiden Zonen, die lotrecht zu den die Inselgruppen säumenden Tiefseegräben wie Aleutengraben (–7822 Meter), Kurilengraben (–10 542 Meter), Japangraben (–10 374 Meter), Marianengraben (–11 033 Meter), Palaugraben (–8138 Meter), Yapgraben (–8597 Meter), Tongagraben (–10 633 Meter) und Kermadecgraben (–9476 Meter) verläuft.

Der «Ozean der Unendlichkeit»

Spricht man vom Pazifischen Ozean, so drängt sich dieser Superlativ geradezu auf: Dieses Meer bedeckt ein Drittel der Erdoberfläche unseres Planeten. In ihm ist mehr als die Hälfte des Wassers der Erdkugel, für deren Klima er eine ausschlaggebende Rolle spielt, enthalten.

Die Hälfte der gesamten Meerwasserverdunstung und 40 Prozent der globalen Niederschläge sind ihm zuzuschreiben. Er ist der älteste Ozean der Welt. Allgemein wird angenommen, er entspreche dem Urmeer, das vor der Teilung der Kontinente vorhanden war. Sein submarines Relief ist mit einer mittleren Tiefe von –3900 Metern das tiefste auf dem Globus und das komplexeste, es besitzt die meisten Erhebungen und tiefsten Gräben sowie die größten unter- und übermeerischen Vulkane. Sein Klima ist ausgeglichener als das der anderen Ozeane, seine Wassertemperatur

▷ *Felsformationen am Ostrand der Tanami-Wüste. Sie sind die Vorläufer des australischen MacDouall-Gebirges.*

liegt erheblich höher als die des Atlantik, da er im Norden nahezu abgeschlossen ist und so mit den kalten arktischen Wassermassen wenig in Berührung kommt. Schließlich und endlich ist er – ganz im Gegensatz zu seinem Namen – wegen seiner verheerenden Wirbelstürme und Orkane der am meisten gefürchtete Ozean.

Geologie

Man vermutet, daß die aus dem Meer ragenden Landflächen am Ende des Erdaltertums einen einzigen Großkontinent – Pangäa genannt – bildeten. Dieser Riesenkontinent war von einem einzigen Ozean umgeben, den die Geographen Panthalassa nennen und den viele als den zwar weit zurückliegenden, aber direkten Vorfahren des Pazifischen Ozeans ansehen. Am Anfang des Erdmittelalters zerbrach Pangäa unter dem Druck von Konvektionsströmungen, das heißt, daß heiße Flüssigkeit aufstieg, sich bei ihrer Abkühlung seitwärts wegbewegte und dabei absank. Auf diese Weise bildeten sich zwei neue Kontinente, Laurasia und Gondwanaland, die durch das neu entstandene Tethysmeer getrennt waren. Das Panthalassameer verlor an Größe, aus ihm bildeten sich Indischer und Pazifischer Ozean.

Ozeanien und seine Randgebiete

Der Kontinent Gondwana umfaßte ursprünglich die Landmassen von Afrika, Madagaskar, Nordamerika, Arabien, Indien, Australien und Antarktis. Ozeanien ist später aus dem vor etwa 150 Millionen Jahren seinerseits auseinanderbrechenden Gondwanaland hervorgegangen.

Geologisch gesehen wird Ozeanien durch eine Linie andesitischen Gesteins in zwei Räume mit jeweils eigenständigem Charakter gegliedert: einerseits Randozeanien, das aus dem alten Festlandsockel von Australien und Neuguinea einschließlich der großen melanesischen Inselbögen besteht, und andererseits das eigentliche Ozeanien mit den Archipelen Mikronesien und Polynesien. Während letzteres einen relativ einfachen Aufbau besitzt, ist die Struktur Randozeaniens mit seinen zahlreichen Horizontalverschiebungen, Verwerfungen und Gräben sehr viel komplizierter. Es entstand im Übergang vom Erdaltertum zum Erdmittelalter, als die riesige Platte Neuguineas und die ihre östliche Grenze bildende Geosynklinale – das ist eine langgezogene Senkung in der Erdkruste – sich unter der Wirkung magmatischer Strömungen ausdehnten und schließlich auseinanderbrachen.

Innerhalb Randozeaniens wird zwischen dem Australischen Schild sowie innerem und äußerem melanesischem Gürtel unterschieden.

Australien ruht auf einem alten kontinentalen Festlandssockel, der der Australische Schild genannt wird. Neuguinea, die Archipele der Papua-Gruppe, Neukaledonien und Neuseeland gehören zum inneren melanesischen Gürtel; Bismarck-Archipel, Salomonen, Vanuatu, die Fidschi- und Tonga-Inseln werden dem äußeren melanesischen Gürtel zugerechnet.

Auch die Landschaft trennt die Andesit-Linie im pazifischen Raum eindeutig in zwei unterschiedliche Teile. Westlich dieser Linie gliedert

sich das durch zahlreiche Erhebungen und Täler gekennzeichnete submarine Relief in mehrere, nicht direkt aneinanderstoßende Becken. Ihre über dem Meeresspiegel liegenden Teile bilden zahlreiche bogenartig verlaufende Archipele, die eigentlich die Fortsetzung der Inselketten Mittel- und Ostasiens sind. Hier herrschen eindeutig Ablagerungsgesteine vor, die oberirdisch – also auf dem Festland – gebildet wurden.

Noch weiter westlich werden Australien, Neuseeland und Neuguinea von großen Kontinentalplatten getragen, die seit dem Quartär, also seit etwa zwei Millionen Jahren, über dem Meeresspiegel lagen und heute durch vom Festland stammende Sedimente überlagert sind.

Im Gegensatz hierzu besteht das submarine Relief östlich der Andesit-Linie aus riesigen miteinander verbundenen Becken. Hier sind die Sedimente vor allem marinen Ursprungs, das heißt, sie sind im Wasser gebildet worden.

Bleischwere Wolken sind die Vorboten eines Tropensturms über der Kahana Bay von Tongatapu im Königreich Tonga. Im Hintergrund die kleinen Inseln Talakite und Mata'aho.

◁ Orchideen und wilde, rosa blühende Vanille gedeihen im Landesinneren von Tahiti. Die ursprünglich aus Südamerika stammende Vanille wurde im Jahr 1848 in Polynesien eingeführt.

Geophysik

Außer Australien, das einen eigenen Kontinent bildet, ist der mit Inseln verschiedenster Größe und Formen übersäte Pazifik der einzige «flüssige» Erdteil auf dem Globus.

Die verschiedenen Inseltypen

Die Inselformationen des Pazifik lassen sich in zwei Kategorien einteilen: kontinentale Inseln und Inseln ausschließlich vulkanischen Ursprungs, die meist von einem Korallenriff umgeben sind. Die kontinentalen Inseln liegen im Westpazifik. Die Bezeichnung «kontinental» rührt daher, daß sie infolge des Absinkens ehemals größerer kontinentaler Landmassen oder infolge von Bewegungen kleinerer Erdkrustenplatten entstanden sind. Es handelt sich um große gebirgige, massiv erscheinende Inseln mit zerklüfteter und stark erodierter Oberfläche wie Neuseeland und Neukaledonien, die Salomonen und Vanuatu. In ihrer geologischen Struktur sind die alten Sedimente mit jüngerem Gestein vulkanischen Ursprungs stark vermengt. Häufig herrscht heute noch intensive vulkanische Tätigkeit, da sie in der großen Bruchzone des «Feuergürtels» – so heißt die Zone, in der die ozeanische Krustenplatte unter den kontinentalen Plattenrand taucht – liegen.

Die ausschließlich vulkanischen Inseln, die in der Mehrheit sind, wie die Fidschi-, Tonga-, Samoa-, Cook-, Gesellschafts-Inseln, die Marquesas und die Hawaii-Inseln befinden sich in der Mitte und im Osten des Pazifik. Es handelt sich um junge, hoch aufragende Inseln, bestehend aus verschiedenen Lavaschichten, die sich im Lauf der Zeit angesammelt haben.

Die Eilande entstanden bei der Wanderung der Pazifischen Platte über sogenannte «hot spots», nahezu feststehende Quellen tief im Erdmantel mit einer hohen Magmenförderung. Die Wanderung einer Erdkrustenplatte über den «hot spot» hinweg läßt sich anhand des Alters der entstehenden Inseln verfolgen. Ein gutes Beispiel dafür sind die Hawaii-Inseln, wo das Alter, von Hawaii selbst mit den noch aktiven Vulkanen Mauna Loa und Kilauea ausgehend, stetig nach Nordwesten hin bis zur fünf Millionen Jahre alten Insel Kauai zunimmt. Bevor eine Insel die Meeresoberfläche erreicht, muß eine mächtige Basis aufgebaut werden. Sobald die vulkanische Tätigkeit nachläßt, beginnt das Wachstum der Korallen, die im Lauf der Zeit ein Saumriff bilden. Das Aufwachsen der Riffe vollzieht sich sehr langsam und kann nur unter bestimmten Bedingungen stattfinden. Optimal ist eine Wassertemperatur zwischen 20 und 36 Grad Celsius, der Salzgehalt muß zwischen 33 und 37 Prozent liegen.

Der ozeanische Raum umfaßt mehr als Dreiviertel aller Atolle der Welt. Man findet sie überall im Pazifik, allerdings in größerer Häufigkeit im Nordwesten (Mikronesien) und im Südosten (Polynesien). In manchen Fällen säumen diese meist alten Korallenriffe die Küsten abgesunkener und schließlich überfluteter kontinentaler oder vulkanischer Inseln oder treten als Spitze untermeerischer Formationen auf, die nie an die Wasseroberfläche traten. Ist die ursprüngliche Insel noch vorhanden, sind sie durch eine Lagune oder Seichtwasserzone vor dem Barriereriff getrennt, das nur durch einige mehr oder weniger tiefe Durchgänge unterbrochen ist.

Klimatologie

Die Lage des Pazifik zu beiden Seiten des Äquators führt zu relativer Klimastabilität. Zwischen den Wendekreisen bleiben Luft- und Wassertemperatur gleich und schwanken um 24 Grad Celsius mit einer wärmeren Zone (etwa 28 Grad Celsius) nördlich von Melanesien. Jenseits der Hochdruckzonen nördlich und südlich der Wendekreise sinken die Temperaturen sehr rasch unter dem Einfluß arktischer und antarktischer Frontensysteme. Nördlich des geographischen Äquators – und ganz besonders im westlichen Drittel des zwischen den Wendekreisen liegenden Pazifik – sind die Niederschläge besonders ergiebig, da der gesamte westliche Bereich mehr oder weniger stark vom südostasiatischen Monsun erfaßt wird.

Die klimatischen Schwankungen im Pazifik werden vom Passat bestimmt, der wiederum der im Jahresverlauf stattfindenden Verlagerung des thermischen Äquators unterliegt. In den zwei kurzen Zwischenjahreszeiten Frühling und Herbst pendelt dieser sich zwischen dem geographischen Äquator und einem der Wendekreise ein (Wendekreis des Krebses im Frühling und Wendekreis des Steinbocks im Herbst). Die Passatwinde der beiden Erdhalbkugeln stoßen in einer Zone sogenannter innertropischer Konvergenz heftig aufeinander, was zu starken Regenfällen, Stromwirbeln und verschiedenen atmosphärischen Störungen führt. Im Sommer und Winter verlagert sich der thermische Äquator rasch zwischen den Wendekreisen. Während der kurzen Zeiträume um die Tagundnachtgleichen vereinen sich die Passatwinde zu einem einzigen von Osten kommenden Äquatorialwind, der heiteres Wetter mit wenig Niederschlägen bringt.

*Der Gemeine Waran, ein in Australien verbreitetes Reptil,
kann bis zu zwei Meter lang werden.*

Der Pazifik ist bekannt für die Häufigkeit und Heftigkeit seiner Taifune. Bei diesen tropischen Stürmen handelt es sich um sehr starke Tiefdruckgebiete, die im Lauf des nördlichen Sommers in der Nähe der Zonen innertropischer Konvergenz, insbesondere im westlichen Mikronesien und in Französisch-Polynesien, entstehen. Die Taifune bewegen sich Richtung Nordwesten, wo sie zu Sommerbeginn von Monsunregen erfaßt werden. Sodann erreichen sie den Kontinent, den sie mit Windgeschwindigkeiten von bis zu 360 Stundenkilometern verwüsten. Am Ende des Sommers verlagern sie sich nach Norden, wo sie allmählich abschwächen. Das schmale Äquatorband wird von den Taifunen nicht betroffen.

Nimmt man Australien mit seinem gemäßigten Klima im Süden und seinem ariden Wüstenklima in der westlichen Mitte sowie Neuseeland mit seinem gemäßigten ozeanischen Klima aus, so liegen die ozeanischen Inseln alle in den inneren Tropen: Sie erfreuen sich also eines warmen Klimas mit geringen Temperaturschwankungen. Auf den gebirgigen Inseln sinkt die Temperatur mit der Höhe jedoch rasch ab. Einige Gipfel Neuguineas sind trotz ihrer Nähe zum Äquator von ewigem Eis bedeckt, erreichen sie doch fast 5000 Meter Höhe.

Im allgemeinen sind die Niederschläge auf den Atollen und niedrigen Inseln wenig ergiebig oder selten. Auf den bergigen Inseln hingegen treten häufige und deutlich stärkere Regenfälle auf. Die nach Osten zeigenden, das heißt die den Passatwinden ausgesetzten Berghänge werden sehr viel stärker beregnet als die Westseiten.

Flora und Fauna zu Land und in der Luft

Auch in diesem Bereich ist eine Unterscheidung zwischen Australien und den anderen Inseln Ozeaniens notwendig. Die Artenvielfalt in Australien steht der relativen Artenarmut der anderen Inseln gegenüber. Nach Osten zu verstärkt sich dieser Effekt immer mehr. Im folgenden Abschnitt sollen Flora und Fauna nur in groben Zügen vorgestellt werden.

Australien, Neuguinea und Neuseeland wurden von dem nicht weit entfernten asiatischen Raum durch die Wallace-Linie abgeschnitten. Sie stellt eine radikale Trennung zwischen der Welt der

Der australische Kranich wird auch «Brolga» genannt. Dieser Name geht auf Buralga, eine wunderschöne Tänzerin, zurück, die nach einer Legende von einem eifersüchtigen Hexer in einen Vogel verwandelt wurde.

asiatischen höheren Säugetiere und der Welt ozeanischer Beutel- und Kloakentiere dar, wodurch sich die Armut von Fauna und Flora erklärt.

Sowohl in Australien, das seit dem Tertiär von der restlichen Welt abgeschnitten ist, als auch in Neuguinea und Neuseeland gibt es eine große Zahl an Pflanzen- und Tierarten, von denen viele einzigartig auf der Welt sind bzw. regelrechte lebende Fossilien darstellen. Endemische, das heißt nur hier vorkommende, und andere, vor allem aus Asien, gelegentlich auch aus Amerika stammende Arten treten bunt gemischt auf.

Die Vegetation ist eng an die Ausprägung des Reliefs gekoppelt. Die Vegetation der gebirgigen Inseln hat einen stockwerkartigen Aufbau. Ab dem Meeresspiegel bis 1000 Meter Höhe ist Feuchtwald äquatorialen Typs vorherrschend mit zahlreichen Baumarten, Lianen und Epiphyten. Zwischen 1000 und 2800 Meter Höhe wächst Bergregenwald, bestehend aus Nadelbäumen, Eichen, Buchen und Baumfarnen. In Höhenlagen von 2800 bis 3800 Metern schwindet der Wald und geht in eine Heidelandschaft über. Darüber beginnt der Bereich der Hochgebirgsmatten, wo sich südliche, nördliche und alpine Pflanzen vermengen. All diese Merkmale sind an den östlichen Hängen, die den regenbringenden Winden ausgesetzt sind, stark ausgeprägt. Nicht selten ist die Niederschlagsmenge auf der östlichen Seite dreimal so hoch wie auf der westlichen, wobei sich die Obergrenze der einzelnen Vegetationsstufen um etwa 200 Meter verschieben kann.

Der Mensch – zuerst der ozeanische, dann der europäische – hat das ursprüngliche Gesicht der Pazifikinseln verändert, indem er sich hier niederließ und Pflanzen fremder Herkunft mitbrachte (Jams, Taro, Kokosnuß, Brotfrucht, Banane) und in die natürliche Umwelt eingriff. Einige Arten wie beispielsweise Sandelholz verschwanden, andere wie der Guavenbaum haben sich ungehemmt ausgebreitet. Das gleiche gilt für die Tierwelt. Mit Ausnahme der Fledermaus, die wohl von selbst kam, gelangten alle höheren Säugetiere wie Hund und Schwein mit den ersten Ozeaniern und später mit den Europäern hierher.

Das Leben im Wasser

Mit der Untersuchung von allen Meerestieren und -pflanzen des Pazifischen Ozeans ließe sich ein ganzes Lexikon füllen. Da dies jedoch nicht das einzige Ziel dieses Buches ist, soll hier nur ein grober Überblick über die Verteilung der verschiedenen Arten gegeben werden.

In den warmen und fischreichen Gewässern des Pazifik lebt eine Vielzahl großer Tiere: von Säugern wie dem Delphin (Mitte) bis zu Knochenfischen wie Rochen (oben) und Hai (unten).

Zwar stellt der Pazifik die größte Wassermasse auf der Welt dar, er enthält aber erstaunlicherweise weniger Pflanzen- und Tierarten als andere Ozeane. Besonders in der Mitte ist er eine regelrechte «Wasserwüste». Das ist darauf zurückzuführen, daß mitten in einer derartig ausgedehnten Wasser-

«Anthias-Ballett». Diese kleinen, in Riffnähe lebenden Fische tanzen hier über einem Korallenbau mit einigen im Pazifik recht seltenen Lederkorallen.

fläche sehr wenig Land liegt – und bekanntlich brauchen viele Lebewesen, um leben und sich entfalten zu können sowie für die Fortpflanzung oder die Eiablage, festen Grund – sei er auch nur submarin vorhanden. Folglich vergrößerte sich die Artenvielfalt mit Zunahme der ökologischen Nischen. Vor allem darf aber eins nicht vergessen werden: Die submarine Flora und Fauna des Pazifik sind ebenso oder mehr noch als die Pflanzen und Tiere an Land und in der Luft zwei Faktoren ausgesetzt, die in einer bestimmten Richtung stärker werden.

West-Ost-Gefälle

Je mehr man sich vom asiatischen und australischen Kontinent entfernt, desto seltener werden die Landflächen. Während sich ihre Größe zusehends verringert, nimmt die Seefläche stetig zu. Das erklärt die große Zahl der verschiedenen Arten im Westpazifik, die völlige Armut in der Mitte und die geringere Armut im Osten mit Ausnahme Südamerikas, wo die Peru-Upwellings (kaltes, nährsalzreiches Wasser wird nach oben getrieben) einen außergewöhnlichen Reichtum herbeiführen. Im Großen-Barriere-Korallenriff in Australien wurden mehr als 350 Sorten Riffkorallen registriert, einige hundert bei den Samoa-Inseln und weniger als zehn bei den Marquesas (wobei drei Arten 80 Prozent der Gesamtpopulation darstellen). Ebenso wurden 1500 Fischarten bei Australien gezählt, 500 bei Tonga und nur 52 bei

Die Namen der Fische sind meist recht anschaulich und lyrisch, oft beschreiben sie ihre Farben und Formen: ein Rotfeuerfisch (links oben), ein Anemonenfisch (links unten), ein Engelfisch im Jugendkleid (rechts unten) und ein Papageifisch (rechts oben).

Hawaii. Dieses letzte Beispiel weist auf einen entscheidenden Faktor hin, durch den Flora und Fauna des Pazifik beeinflußt werden: Damit sich Leben halten und vermehren kann, ist eine Konstanz der Lebensbedingungen notwendig. Diese stellt sich nur schwer in der Nähe junger Vulkaninseln ein, die noch aktiv sind oder deren vulkanische Tätigkeit erst seit kurzem beendet ist.

Nord-Süd-Gefälle

Sehr schematisiert unterscheiden die Ozeanologen drei horizontale ozeanische «Bänder» unterschiedlicher Größe: das sich etwa vom Wendekreis des Krebses bis zum Wendekreis des Steinbocks ausdehnende innertropische Band, das Tasmanien und Neuseeland umfassende gemäßigte Band und das südlich von Tasmanien und der Stewart-Insel verlaufende subantarktische Band.

Die innertropische Zone

Durch warmes Wasser und die Homogenität der Umgebung kann sich submarines Leben in dieser Zone leicht entwickeln. Hier sind *Madreporaria*, fast farblose Riffkorallen, beheimatet. Bei den meistverbreiteten zwei Hauptgruppen handelt es sich um *Acropora*, deren Wuchsformen sich baumartig verzweigen oder flache Kuppen bilden, und *Porites*, deren klumpenförmige Stöcke mehrere Meter Durchmesser erreichen können. Hier leben zahlreiche Fischarten, die sich auf zwei Großgruppen verteilen: Knochenfische und Knorpelfische. Die in Korallenstöcken oder Riffnähe lebenden Knochenfische sind reichlich vertreten: Schmetterlingsfische mit ihren leuchtenden Farben, feingestreifte Engelfische mit einem kleinen Dorn hinter den Kiemen, korallenfressende Papageifische, Drückerfische, deren erster Rückenflossenstrahl sich aufrichten kann, kleine, im Schutz der Anemonen lebende Orange-Anemonenfische, Drachenköpfe mit giftigen Stacheln sowie Flachseefische wie die mit einem kräftigen Gebiß ausgestatteten gefürchteten Barrakudas.

Vertreter der Knorpelfische sind Rochen und Haie. Unter den etwa 20 Rochenarten sind die bekanntesten der bis zu 4,50 Meter breite Mantarochen, der mit kleinen weißen Punkten gefleckte schwarze Leopardenrochen, die verschiedenen Stachelrochen, darunter der Blaupunktrochen und der Gefleckte Stachelrochen. An Haien gibt es etwa 320 Arten, darunter die berühmten großen Hochseehaie, die aus der Tiefe auftauchen, um Thunfisch- und Delphinherden zu folgen, die riesigen, friedlichen und planktonfressenden bis zu zwölf Meter langen Walhaie und verschiedene Arten sogenannter «Riffhaie», die in der Nähe von Korallenriffen leben und jagen: Graue Riffhaie, Silberspitzenhaie und Grauhaie, die wenig gefährlich sind und sich in den Lagunen tummeln. Zu den imposantesten Säugetieren der inneren Tropen zählen sechs Arten echter Bartenwale wie die Buckelwale, die jedes Jahr nach der Paarung bei Hawaii zur Nahrungssuche in die kalten Gewässer Alaskas wandern, die Pottwale, Schwertwale, Grindwale und viele Delphine.

Die gemäßigte Zone

Sie ist relativ heterogen, und zwar insofern, als sie nur im westlichen Teil Landflächen aufweist, nämlich Tasmanien und Neuseeland. Ansonsten ist da nur der riesige Ozean, der kaum bewohnt ist, denn außer Plankton und wenigen Fischbänken reicht die Nahrung nicht aus, um Fischen hier eine Entfaltung zu ermöglichen.

In der Umgebung von Tasmanien und Neuseeland sowie südlich einer Linie, die über die Lord-Howe-Insel und die Kermadec-Inseln verläuft, leben weniger Arten als in der tropischen Zone. Es ist dies die südlichste Grenze der Riffkorallen. Hier herrschen *Gorgonaria* vor, die mit ihrer roten, orangen, gelben und blauen Farbe den Meeresgrund verzaubern. Es finden sich auch viele Schwämme und Algen wie beispielsweise die grüne und äußerst feine *Ulva* und die baumartige *Ecklonia* mit ihrem sehr robusten Stengel. Die Knochenfische sind insbesondere vertreten durch die rosa und blauen Mao-Mao-Fische, die in dichten Schwärmen in den Unterwassergrotten und -bögen leben, der Schweinefisch mit seinem kleinen spitzen Maul und der Moki Lippu mit breiten Schwarzweißstreifen. An Knorpelfischen leben in den gemäßigten nördlichen Gewässern außer mehreren Hai-Arten zwei bemerkenswerte Arten: der Elefantenfisch, ein gefährlicher Raubfisch mit großen flügelähnlichen Schwimmflossen, und der Dornhai, ein großer Stachelhai. Von den großen Tieren seien noch die Pottwale genannt und die Hektor-Delphine, die spezifisch für Neuseeland sind.

Die subantarktische Zone

Sie beginnt südlich einer Linie, die im äußersten Süden Tasmaniens und der Stewart-Insel verläuft. In jeder Beziehung stellt sie den Gegensatz zur tropischen Zone dar. Während letztere eine große Artenvielfalt bietet, wobei jede Art zahlenmäßig nur wenige Vertreter aufweist, ist die subantarktische Zone arm an Pflanzen- und Tierarten, die dann jedoch in großen Schwärmen auftreten. In

Mit ihrem langen Maul sammeln Schmetterlingsfische Polypen von einer Koralle ab.

dieser kalten Welt sind Algen vorherrschend. So klammern sich an den Meeresgrund nicht nur *Durvillea*, die ihre riesigen waagerechten Bänder ausbreiten, sondern auch die bis zu 25 Meter hohen Kelp, deren lange Stengel durch kleine, mit Kohlensäure gefüllte Schwimmer senkrecht gehalten werden. Nahe der Auckland-Inseln ist der Meeresboden von Milliarden von Muscheln regelrecht gepflastert. Tintenfische leben ebenfalls zu Millionen in diesen kalten Gewässern, in denen sich der sagenhafte Weiße Hai, der gefährlichste Raubfisch überhaupt, herumtreibt. In Küstennähe trifft man Vögel wie Pinguine und Säugetiere wie die Hooker-Seelöwen an, die zum Ausruhen und zur Fortpflanzung hierherkommen.

Ethnographie

Die wissenschaftliche Untersuchung der Völker des Pazifik setzte ernsthaft erst Anfang unseres Jahrhunderts ein und hat sich seit Ende des Zweiten Weltkriegs stark entwickelt. Heute kann aufgrund eines Vergleichs archäologischer, botanischer, zoologischer und linguistischer Ergebnisse davon ausgegangen werden, daß die Ozeanier aus Asien stammen.

Die archäologischen Beweise

Prähistoriker machten es sich zuerst zur Aufgabe, an den ältesten gesicherten Fundstätten im riesigen Raum Asien/Sahul zu arbeiten. Sie begannen mit Süd- und Ostasien, wo die ersten, vermutlich aus Zentralchina stammenden Australiden lebten. Bei den Australiden gab es seit sehr langer Zeit zwei gleichzeitig auftretende Erscheinungsbilder, die der Einfachheit halber als «primitiv» – mit Negrito-Merkmalen (kleiner Wuchs, sehr dunkle Haut, Kraushaar) – und «modern» (hoher Wuchs, hellere Haut, gewellte oder glatte Haare) bezeichnet werden.

Bemerkenswerte, zum Teil noch nicht abgeschlossene Grabungen belegen bei gleichem und in die obere Altsteinzeit datiertem Werkzeug ein im Vergleich zur austral-neuguineischen Zone höheres Alter der südasiatischen Zone, insbesondere Malaysias, Indonesiens und Südchinas. Es ist also wahrscheinlich, daß die ersten Besitzer solcher Werkzeuge aus dieser Region Asiens stammen. Ebenso wahrscheinlich sind einige von ihnen in mehreren aufeinanderfolgenden Wellen, die in zwei großen Phasen vor etwa 45 000 bzw. 18 000 Jahren ihren Höhepunkt erreichten, ostwärts gezogen. Die Daten sind durch archäologische Funde in Australien und Neuguinea belegt.

Die Dani, die zu den wichtigsten Volksgruppen Irian Jayas zählen, bauen ein Drainagesystem zur Bewässerung der Jams- und Tarofelder.

Diese beiden Perioden entsprechen den beiden stärksten Ausprägungen der Würm-Kaltzeit, die – je nach Autor – vor 110 000 bis 70 000 Jahren begann und vor etwa 8000 Jahren endete.

Gebunden in Form von Eis sank der Wasserspiegel während dieser Kaltzeit erheblich (ortsabhängig zwischen 100 und 150 Metern). Es bildeten sich zwei große Kontinentalbereiche: das Sunda-Schelf, das die meisten der südlichen und östlichen Archipele (Indonesien, die Philippinen, Taiwan, Japan) mit Asien verband, und das Sahul-Schelf, das Australien, Tasmanien, Neuguinea und die sie umgebenden Kontinentalplatten umfaßte. Sunda- und Sahul-Schelf waren durch einen tiefen Meeresarm voneinander getrennt, in dem der Archipel Wallacea aus dem Erdaltertum fortbestand. Seine kleinen Inseln lagen nahe genug beieinander, daß die Menschen, selbst mit einfachen Mitteln wie zum Beispiel Flößen, von einer zur anderen gelangen konnten.

Im Sahul-Raum wurden die beiden Urformen des australiden Menschentyps gefunden; Abweichungen waren minimal und sind lediglich evolutions- und anpassungsbedingt. So hat der archaische Kow-Swamp-Mensch in Australien sein Pendant im Wajak-Menschen auf Java; und dem modernen australischen Mungo-Menschen (einer Frau) entspricht der moderne javanische Solo-Mensch.

Überall in der asiatischen Zone ist das Alter der Menschenfunde höher als im Sahul-Raum, was die asiatische Herkunft der Australiden belegt. Um aber die Gleichzeitigkeit der beiden genannten Menschentypen zu verstehen, muß anerkannt werden, daß sie sich bereits differenziert hatten, lange bevor vor 45 000 Jahren die ersten Wanderungen Richtung Osten begannen.

Linguistische, botanische und zoologische Belege

Andere wissenschaftliche Disziplinen bestätigen die archäologischen Schlußfolgerungen. Die vergleichende Untersuchung der fast sämtlich zur austronesischen Sprachfamilie gehörenden Sprachen belegt eindeutig eine nach Osten zunehmende Vereinfachung der syntaktischen Strukturen und des Wortschatzes. Bekanntlich sind nun die grammatikalischen Grundlagen und das Vokabular einer Sprache um so komplexer, je älter eine Sprache ist. Die Besiedelung des pazifischen Raums erfolgte also tatsächlich von West nach Ost.

Botanik und Zoologie untermauern dieses Ergebnis. Nahezu alle Nutzpflanzen wie Banane, Brotfrucht, Kokosnuß, Taro, Jams, die der Mensch zur Existenzsicherung mitbrachte, stammen aus Asien. Die einzige aus dem Osten eingeführte Art ist die Süßkartoffel. Sie gelangte erst später nach Polynesien: möglicherweise mit indianischen Seefahrern, wahrscheinlicher jedoch durch polynesische Händler, die schon sehr früh die amerikanischen Küsten erreichten. Ebensowenig sind die höheren Säugetiere endemisch. Auch all jene, die nicht erst später von den in Polynesien lebenden Europäern eingeführt wurden, gehören zum asiatischen Reich. Sie wurden von ozeanischen Seefahrern mitgebracht. So kommen Schwein, Ratte und Huhn aus Indonesien und der Hund aus China. Allein die Fledermaus gelangte selbständig hierher.

Die großen ethnischen Bevölkerungsgruppen

Nachdem die Herkunft der Ozeanier feststand, versuchte die Wissenschaft, die ethnologischen Hauptmerkmale der fünf traditionellen Menschengruppen des Pazifik – Aborigines, Neuguineer (landläufig Papuas genannt), Melanesier, Mikronesier und Polynesier – zu definieren.

Aborigines und Papuas

Sie sind die Nachkommen der aus chronologischer Sicht ersten im Pazifik eingetroffenen Völkerschaften. Neuguinea wurde sicherlich früher besiedelt, wenn man entsprechend den Vermutungen davon ausgeht, daß die ersten Australiden aus Wallacea, also von Nordwesten, kamen. Die Forscher erkannten sehr bald, daß Aborigines aus Australien und Papuas aus Neuguinea nicht getrennt betrachtet werden dürfen, denn die Papuas sind mit ihren den Sahul-Raum bevölkernden australiden Ururahnen noch eng verwandt. Der Hauptgrund ihrer Verschiedenheit besteht darin, daß die Aborigines aufgrund des Meeresspiegelanstiegs, der Ende der Würm-Kaltzeit vor etwa 10 000 Jahren begann, auf dem australischen Kontinent vollkommen isoliert waren. Ohne jeden Kontakt nach außen haben sich zwei Phänotypen erhalten, auf denen die beiden Aboriginal-Haupttypen beruhen: die Tasmanier, deren letzter Angehöriger 1877 starb, und die Australier, deren verschiedene Typen sich durch die Evolutionsgeschichte und die Anpassung an ihren Lebensraum sowie die genetischen Verschiebungen, denen jede Gruppe von Individuen ausgesetzt ist, erklären lassen.

Bei den Neuguineern liegt der Fall etwas anders. Sie gelten nicht – wie ihre australischen Nachbarn – als «historische Zeugen». Zahlreiche Wanderwellen, die außer in Rückzugsgebieten jedesmal zu neuen Mischungen mit den Einheimischen führten, verursachten eine starke Veränderung der ursprünglichen Erscheinungsbilder. Das Spektrum ihrer Hautfarbe reicht von Bläulichschwarz bis Hellbraun, das ihrer Körpergröße vom kleinwüchsigen Pygmäen bis zum hochgewachsenen Bergbewohner. Nach viel Streit hat sich die Fachwelt darauf geeinigt, im neuguineischen Bereich zwei Großgruppen zu unterscheiden, die mehr oder weniger direkte Nachkommen der beiden ursprünglichen Phänotypen sind: die «archaische» Gruppe vom Negrito-Typ (die anscheinend eng mit den malaiischen Sakai und den philippinischen Negritos verwandt ist), bei der sich die genetischen, insbesondere serologischen Merkmale der australischen Aborigines wiederfinden, und die «moderne» Gruppe, ein Gemisch verschiedener Völker, in der bestimmte Stämme mit den Westmelanesiern verschmelzen.

Die Melanesier

Prähistoriker erkennen in der Besiedelung des Sahul-Raums zwei Hauptperioden: die ältere (von –20 000 bis –10 000 v.Chr.) ist gekennzeichnet durch geringfügig bearbeitete Kernartefakte, die jüngere (von –10 000 bis –8000 v.Chr.) durch modernere Artefakte mit präzise gearbeiteten Klingen und polierten Abschlägen.

Die ältere ist typisch für australide Bevölkerungsgruppen, die jüngere kennzeichnend für spätere Gruppen, die der Einfachheit halber Austronesier genannt werden. Sie entsprechen aber keiner eigenen Rasse, sondern sind die größte Sprachfamilie der Welt. Sie erstreckt sich von Madagaskar bis zur Osterinsel, die Sprachen Ozeaniens gehören alle dazu. Innerhalb dieser Einheit unterscheiden die Linguisten eine westliche Gruppe, die Indonesien, die Philippinen, Taiwan und den westlichen Teil Mikronesiens einschließt, und eine östliche Gruppe, die insbesondere Melanesien, Mikronesien und Polynesien umfaßt. In Ermangelung eines treffenderen Oberbegriffs für die verschiedenen Völkerschaften Ozeaniens, die diese Sprache sprechen, reden die Ethnologen von einer ethno-linguistischen austronesischen Gruppe, deren Herkunft in Südostasien gesehen wird: Dort hätten sich Australide vom Negrito-Typ mit aus Zentralchina eingewanderten Mongoliden vermischt, was zur Entstehung der Austronesier geführt habe. Viele Forscher sehen in den Polynesiern entfernte Nachkommen dieser ersten in Asien stattgefundenen Vermischung. Einige dieser Präpolynesier sollen gleichzeitig mit den Melanesiern – vereinzelt sogar noch vor ihnen – Richtung Osten gezogen sein. Nach heutigem Wissensstand scheinen die Melanesier jedoch aus einer mehrere Jahrtausende später erfolgten zweiten Rassenvermischung hervorgegangen zu sein, die diesmal aber im östlichen Neuguinea zwischen Austronesiern und bereits dort ansässigen australiden Bevölkerungsgruppen stattfand. Vor etwa 4000 Jahren verließen etliche Melanesier die Küsten Neuguineas und kolonisierten abschnittsweise und in kleinen aufeinanderfolgenden Gruppen die ostwärts gelegenen Archipele. Am Ende des ersten Jahrtausends unserer Zeitrechnung erreichten Teile dieser melanesischen Wanderungsbewegung mit den Fidschi-Inseln den von ihrem Ausgangsort am weitesten entfernten Punkt. Wie auf anderen Inseln verjagten die Ankömmlinge die dort ansässigen polynesischen Ureinwohner.

Die Mikronesier

Die oft mit den Polynesiern verwechselten Mikronesier bilden zumindest in Westmikronesien eine ethnische Einheit. Lange galten sie als eine Mischung polynesischer und melanesischer Völker mit Asiaten (aus Indonesien, Japan, Taiwan). Tatsächlich stellen sie die inhomogenste Menschengruppe Ozeaniens dar, was die Unsicherheit der Forscher erklärt.

Es ist jedoch durchaus möglich, einen mikronesischen Typus zu erkennen, dessen Ursprung bei den hellhäutigen Bevölkerungen liegt. Einige Fachleute behaupten, es hätte zahlreiche weißhäutige Gruppen innerhalb einer gelbhäutigen Mehrheit gegeben, die ab dem vierten Jahrtausend vor unserer Zeit die Küsten Chinas, Vietnams und Taiwans in Richtung der kleinen östlich liegenden Archipele verlassen hätten.

Die ältesten Menschenfunde wurden auf den Marianen (Saipan) und auf Palau gemacht und sind in das 16. Jahrhundert v.Chr. datiert. Heutige Grabungen, insbesondere auf Yap, lassen darauf hoffen, daß bald noch sehr viel ältere Funde gemacht werden.

Der mikronesische Raum gliedert sich in eine westliche und eine östliche Hälfte. Im Westen erkennt man den mikronesischen Typus mit feinen mongoliden Gesichtszügen, glattem Haar, heller Haut und von mittlerer Körpergröße. Im Osten verdeckt die offensichtliche Vermischung mit den Polynesiern (schwerer Knochenbau, massive Statur, grobere Züge) zahlreiche ursprüngliche Merkmale. Die lokalen Mundarten sind eng mit dem Altsamoanischen verwandt, was ein Beleg für den polynesischen Einfluß ist.

Die Polynesier

Unsere heutigen Erkenntnisse über die Polynesier verdanken wir größtenteils der Entdeckung der Lapita-Kultur in den sechziger Jahren und ihrer anschließenden Untersuchung. Namengebend ist der erste Fundplatz mit Zeugnissen dieser Kultur. Er liegt in einem riesigen geographischen Raum, der sich vom Bismarck-Archipel bis zu den Samoa- und Tonga-Inseln erstreckt und die Salomonen, Vanuatu, die Fidschi-Inseln und Neukaledonien einschließt. Mit melanesischen Funden vermengt, kamen ältere Lagerstätten zum Vorschein, die gekennzeichnet waren durch Komposit-Töpfereien mit geometrischen Mustern und Gefäßen aus Obsidian eines in Nicht-Lapita-Fundstätten unbekannten Typs. Diese neuen Funde und ihre Analyse erbrachten den Nachweis, daß sie von protopolynesischen Bevölkerungen stammten, die seit 1500 vor unserer Zeit gleichzeitig mit den Melanesiern – manchmal sogar noch vor ihnen – die meisten westlichen Inselgruppen bewohnten. Spätere Untersuchungen zeigten, daß die «Lapita-Leute» zweifellos die entfernten Nachkommen der ersten Rassenmischung zwischen Australiden und Austronesiern in Asien, also direkte Vorfahren der heutigen Polynesier sind. Diese Präpolynesier wurden im Lauf des zweiten Jahrtausends vor unserer Zeit von den inzwischen überlegenen Melanesiern aus dem Westpazifik vertrieben. Etwa um 1500 v. Chr. erreichten ihre Pirogen die damals unbewohnten Fidschi-Inseln, dann, 200 Jahre später, die Samoa- und Tonga-Inseln. Dort blieben sie fast tausend Jahre lang und wurden zu den Polynesiern, die wir heute kennen.

Zwei Jahrhunderte vor unserer Zeit führte die Ankunft der Melanesier auf den Fidschi-Inseln und die Enge der bebaubaren Flächen auf den Tonga- und Samoa-Inseln zur großen polynesischen Diaspora. Einige Gruppen wanderten nach Ostmikronesien aus (Gilbert-, Linien-, Phoenix-Inseln und Nauru), wo sie sich mit der lokalen Bevölkerung vermischten. Die meisten anderen gingen ostwärts. Sie ließen sich zwischen 200 v. Chr. und 300 n. Chr. in Zentralpolynesien (Gesellschafts-Inseln, Marquesas, Tokelau- und Cook-Inseln) nieder. Ab da kolonisierten sie den Rest des polynesischen Dreiecks, indem sie drei Schiffahrtsachsen folgten. Im Nordosten gelangten sie etwa zwischen 300 und 400 nach Hawaii. Im Osten erreichten sie um 600 die Gambier-Inseln und ein Jahrhundert später die Osterinsel. Zwischen 800 und 900 landeten die Vorfahren der heutigen Maori über die Südwestroute kommend auf Neuseeland.

Diese Bewohnerin der westmikronesischen Insel Yap, die ihren Sohn im Arm hält, trägt den traditionellen langen Bastrock.

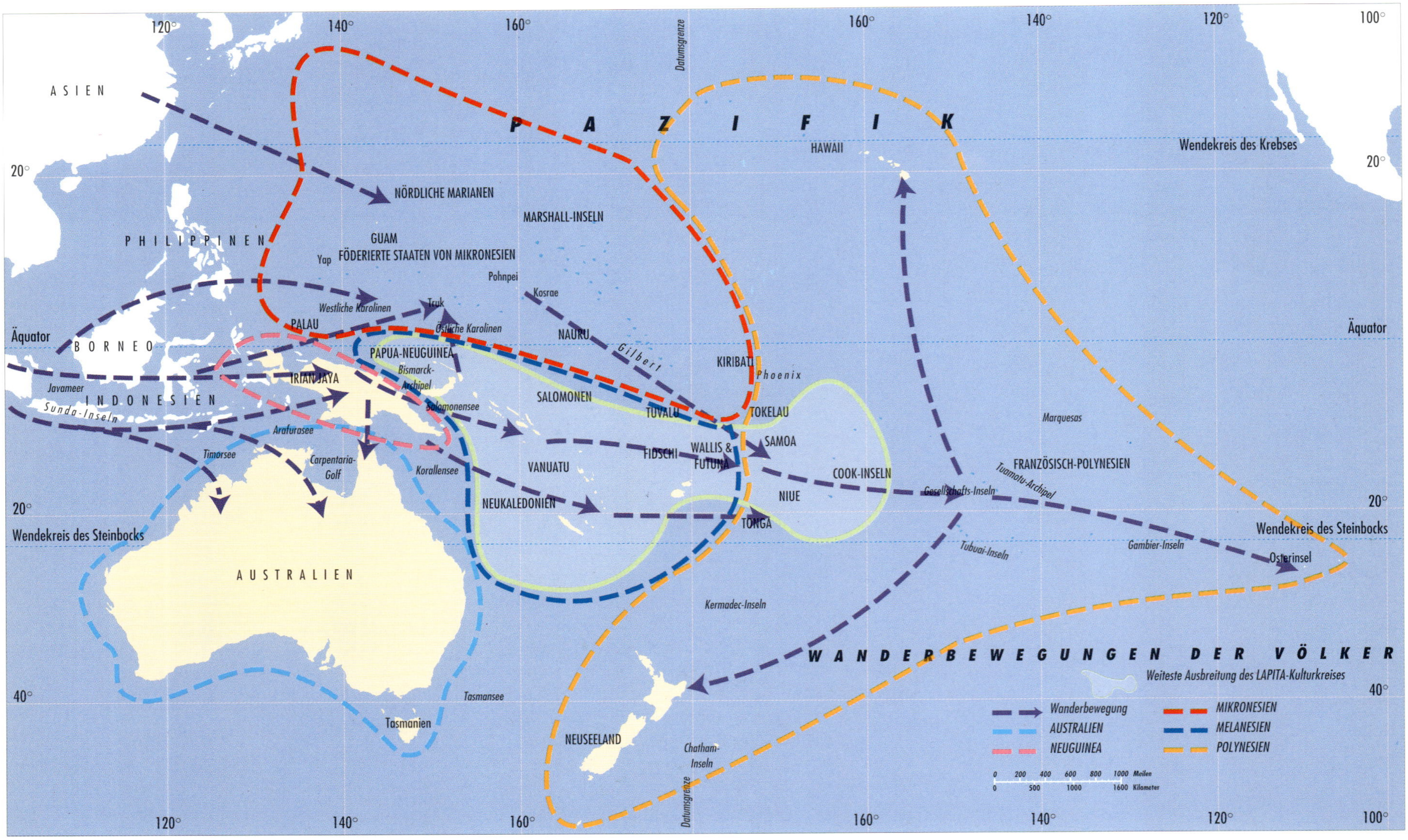

Aborigine aus Nordaustralien.

Aborigine aus Westaustralien.

Papuaner aus Irian Jaya.

Papuaner aus Zentral-Papua-Neuguinea.

Melanesierin von den Salomonen.

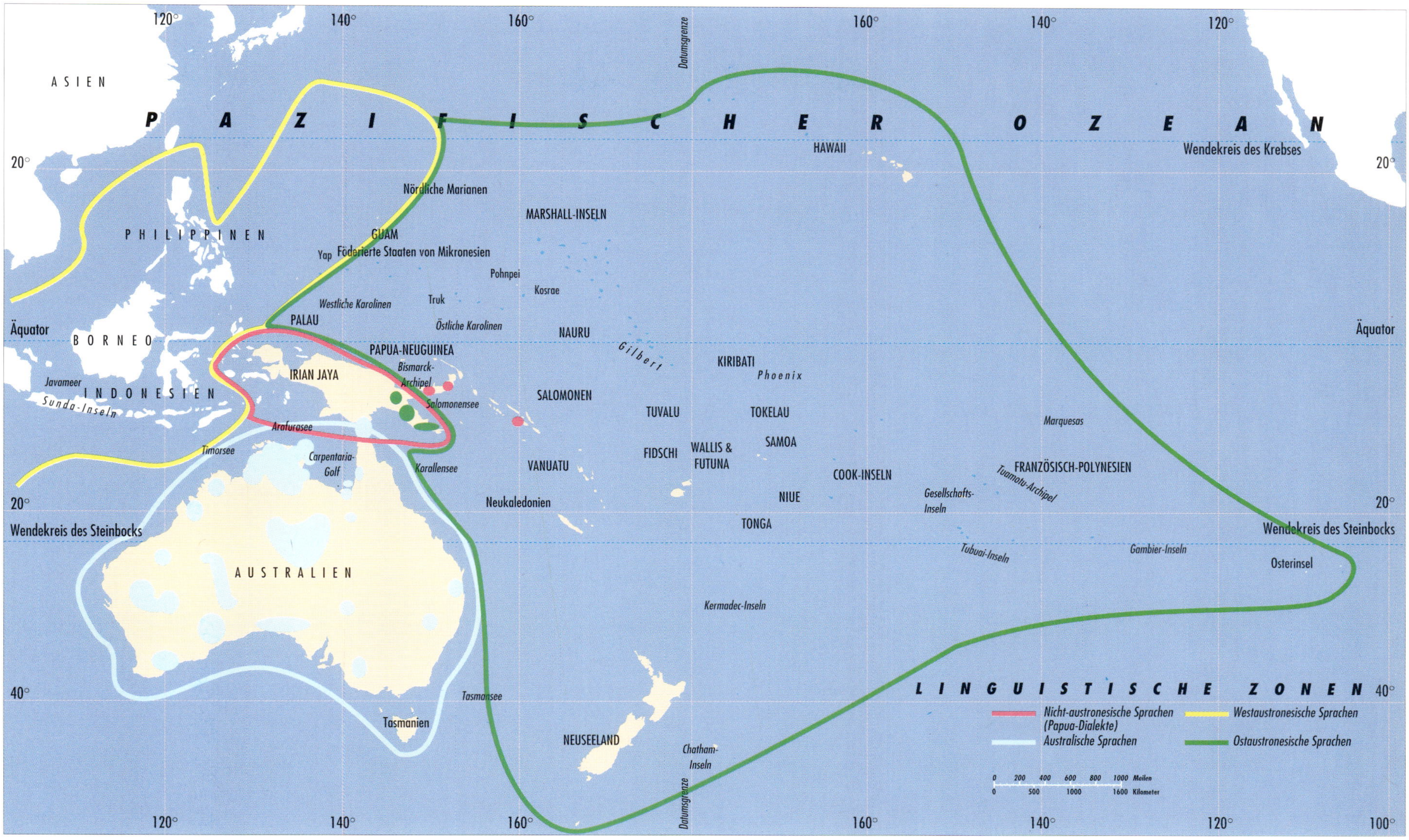

Melanesier aus Nord-Vanuatu.

Westmikronesierin (Truk).

Ostmikronesier (Marianen).

Polynesier von den Gesellschafts-Inseln.

Polynesierin von den Marquesas.

Australien
INDONESIEN
Timorsee
Arafurasee
Torres Strait
PAPUA-NEUGUINEA
Carpentaria-Golf
Indischer Ozean
Korallensee
Wendekreis des Steinbocks
Darwin
Arnhem Land
Cape York
Wyndham
Derby
Kimberley
Tanami Desert
Northern Territory
Barkly-Plateau
Cooktown
Cairns
Gregory Range
Townsville
Selwyn Range
Great Sandy Desert
Hamersley Range
Lake Disappointment
MacDonnell Ranges
Queensland
Gibson Desert
Alice Springs
Rockhampton
Western Australia
Lake Amadeus
Musgrave Range
Simpson Desert
Robinson Ranges
Kordillere
Lake Eyre Basin
Charleville
Great Victoria Desert
Darling Downs
Salinaland
South Australia
Sturt Desert
Brisbane
Geraldton
Flinders Range
Bourke
Coolgardie
Nullarbor Plain
Liverpool Range
New South Wales
Perth
Gawler Ranges
Port Augusta
Große Australische Bucht
Newcastle
Adelaide
Sydney
Australische Alpen
Albany
Canberra
Victoria
Melbourne
Tasmanien
Hobart
Indischer Ozean
0 Meilen 500
120°
130°
140°
150°
10°
20°
30°
40°

AUSTRALIEN

Der Australische Bund (Commonwealth of Australia), dessen Verwaltungshauptstadt Canberra ist, besteht aus dem riesigen australischen Kontinent, der eine Fläche von 7 682 300 Quadratkilometern hat – Australien ist damit fast so groß wie das Festlandsgebiet der USA ohne Alaska – und verschiedenen, im Pazifischen Ozean liegenden Inseln mit einer Gesamtfläche von insgesamt ungefähr hundert Quadratkilometern – den Lord-Howe-Inseln, der Norfolk-Insel, den Macquarie-Inseln sowie zahlreichen Riffen und Inseln in der Korallensee. Außerdem gehören noch die Kokos- und Weihnachts-Inseln dazu; diese liegen allerdings im Indischen und nicht im Pazifischen Ozean und sind deshalb nicht Thema dieses Buches. Australien ist ein Land der geographischen Superlative: Von Nord nach Süd dehnt es sich, Tasmanien eingeschlossen, über knapp 3700 Kilometer aus, seine West-Ost-Erstreckung beträgt runde 4000 Kilometer.

Die geologisch älteste Landmasse der Erde

Geologisch gesehen gehört der australische Kontinent zu einer großen Landfläche, deren Entstehen bis ins Erdaltertum zurückreicht. Begrenzt wurde dieses Gebiet von zwei kreisbogenförmig verlaufenden Geosynklinalen (so bezeichnet man langgestreckte, in Schwellen und Tröge gegliederte Meeresräume, die sich an einen Kontinent anschließen): Die «westralische» reichte bis Timor und zu den Molukken, die riesige «Papua-Geosynklinale» im Norden und Osten verlief vom heutigen Neuguinea über Neukaledonien bis nach Neuseeland. Nach dem jetzigen Wissensstand glaubt man, daß dieser Raum zwei durch die Tasman-Geosynklinale getrennte Landmassen umfaßte: Australien im Westen und das inzwischen untergegangene «Tasmantis» im Osten.

Heute gliedert sich der australische Kontinent in zwei strukturell deutlich unterschiedliche Großlandschaften: Ein alter Granitschild nimmt die gesamte nördliche Hälfte ein, die Tasman-Geosynklinale im Süden erstreckt sich bis Tasmanien. Dieser Schild, ein Fragment des alten Urkontinents Gondwanaland, der im Erdaltertum vor rund 100 Millionen Jahren entstand, bildete sich aus mehreren Kernen, die im Lauf verschiedener Entstehungsphasen vor über einer Milliarde Jahren miteinander verschmolzen. Er besteht hauptsächlich aus metamorphem, das heißt umgeformtem Gestein und nimmt fast ein Drittel des australischen Gebiets ein. Spätere Erdbewegungen, vor allem ab Ende des Silurs bis zum Perm, führten zu seiner Aufspaltung in mehrere Blöcke, die später zu Plateaus eingeebnet wurden.

Nach und nach überschwemmten Wassermassen die abgesunkenen Flächen, und es begann ein starker Abtragungsprozeß, der bis Anfang des Quartärs anhielt. Die Dicke der Sedimentschichten liegt im allgemeinen bei 3000 bis 3500 Metern, erreicht allerdings stellenweise, so im Canning-Becken, auch 7000 Meter.

Die tasmanische Geosynklinale entstand im Erdaltertum, als große Wassermassen bei ihrem Rückzug aus der Adelaide-Geosynklinale Ostaustralien überschwemmten. In einer langen, vom Karbon bis zum Perm reichenden Zeitspanne wurde danach die tasmanische Geosynklinale herausgehoben und gefaltet: Dies führte zum Entstehen der Barrier Range.

Während der Kreidezeit bildete sich in Inneraustralien ein später wieder trocken fallendes riesiges Binnenmeer, das den Kontinent in zwei große westliche und östliche «Inseln» teilte. Nachdem die Oberflächenstruktur der tasmanischen Geosynklinale starker Erosion ausgesetzt war, wurde diese Zone im Tertiär erneut angehoben, im Quartär folgte eine intensive Vulkantätigkeit. Dies belegen zahlreiche dafür typische Gesteinsformationen aus Granit, Syenit, Diorit, Porphyr, Basalt und Trachyt.

In der Mitte des Kontinents lag ein großer See, von dessen Vorhandensein heute die Senke des Lake Eyre zeugt.

Die Großlandschaften Australiens

Allgemein stellt man sich Australien als ein weites, flaches Land vor. Dabei ist seine Oberfläche aber sehr abwechslungsreich. Es lassen sich drei Großlandschaften unterscheiden: das sogenannte Westaustralische Plateau (Great Western Plateau) mit Tälern und Hochplateaus im Westen und Mittleren Westen, die Mittelaustralische Senke (Central Eastern Lowlands) und das Ostaustralische Hochland (Eastern Highlands).

Die von den vollständig verwitterten Schuttresten alter Gebirgsformationen verfüllten westaustralischen Täler und Hochebenen des Westaustralischen Plateaus nehmen den größten Teil der Fläche ein. Sie bilden ein riesiges wüstenhaftes Tafelland, das zu beiden Seiten des Wendekreises des Steinbocks liegt und dessen Höhe zwischen 200 und 600 Metern schwankt. An seinen Rändern liegen mehrere Senken, wie beispielsweise das Canning-Becken im Nordwesten und die Nullarbor-Ebene (Nullarbor Plain) im Süden, die zum Ozean mit einer Steilküste von 100 Meter Höhe und 1500 Kilometer Länge abfällt.

Die Mittelaustralische Senke ist ein tiefes Bekken, das teilweise, wie die Eyresee-Senke (Lake Eyre Basin) mit zwölf Metern, unter dem Meeresspiegel liegt. Mittelgebirgszüge wie die Selwyn Ranges im Norden sowie die Grey Ranges und die Barrier Range im Süden gliedern diese Beckenlandschaft. Sie bilden die Grenze des Mittleren Tieflandes und Großen Artesischen Beckens (Great Artesian Basin) und trennen sie von der Küstenebene des Carpentaria-Golfs im Norden und den Schwemmlandebenen des Murray-Darling, des längsten Flußsystems Australiens, im Südosten.

Zwar gibt es auch im Westen einige Bergzüge (Hamersley Ranges und Barlee Ranges) und im Zentrum (Macdonnell Ranges und Musgrave Ranges), das größte Gebirge jedoch liegt im Osten. Es handelt sich um die Australische Kordillere (Great Dividing Range), die sich auf 3500 Kilo-

▷ *Zahlreiche Flüsse, hier der East Alligator, schlängeln sich in weitgeschwungenen Mäandern durch die staubigen und ausgetrockneten Ebenen im nördlichen Arnhem Land.*

meter Länge an der Westküste Australiens von Kap York bis Tasmanien entlangzieht. Diese Gebirgskette weist eine mittlere Höhe von über 1000 Metern auf. Ihre höchste Erhebung ist der Mount Kosciusko mit 2230 Metern.

Ein kontinental geprägtes Klima

Auf dem australischen Kontinent findet man aufgrund seiner riesigen Ausdehnung die unterschiedlichsten klimatischen Varianten. Die Größe dieses Erdteils und der als Barriere wirkende Wall der westlich vorgelagerten Kordilleren, die den Einfluß des Meeres abschirmen, führen in weiten Teilen des Landes zu einem kontinentalen Klima. Während des ganzen Jahres liegt ein Großteil Australiens im Bereich tropischer Luftmassen. Es herrscht ein trockenes, in Inneraustralien sogar arides Klima. Niederschläge erhalten, vor allem während des australischen Winters, nur die Küstenstreifen im Norden, Süden und Osten. Der äußerste Süden und Tasmanien stehen durch die von Süden heraufziehenden Polarluftmassen unter maritimem Einfluß.

In Australien lassen sich vier Hauptklimazonen unterscheiden: Wüstenklima, tropisches Klima, ozeanisches Klima und Mittelmeerklima.

Wüstenklima herrscht in ganz Inneraustralien und somit auf mehr als der Hälfte des Kontinents. Niederschläge sind hier selten, und die Temperaturschwankungen zwischen sehr kaltem Winter (von Juli bis September) und sehr heißem Sommer (von Januar bis März) sind groß. Tropisches Klima kommt im Norden und Osten des Landes vor. Es gibt eine Trockenperiode (vorwiegend im Juli) und eine Regenperiode (überwiegend im Januar). Die Temperaturen bleiben im allgemeinen während des ganzen Jahres recht hoch, die Niederschläge sind ergiebig (1500 Millimeter Regen pro Jahr in Darwin, 2200 Millimeter in Cairns). Der äußerste Südosten Australiens sowie Tasmanien haben kälteres, ozeanisch geprägtes Klima mit Niederschlägen, die über das ganze Jahr verteilt sind. Im mittleren und westlichen Süden herrscht mediterranes Klima mit gemäßigten Niederschlägen und Temperaturen im Sommer sowie geringen Niederschlägen und hohen Temperaturen im Winter.

Eine einzigartige Pflanzen- und Tierwelt

Australien ist ein Paradies für Pflanzen- und Tierkenner. Durch die Isolierung des Kontinents seit dem Tertiär konnten sich hier Pflanzenarten aus dem Erdaltertum halten, von denen einige auf der ganzen Welt einzigartig, unbekannt oder auf den anderen Kontinenten seit langer Zeit verschwunden sind.

Es gibt mehr als 500 Eukalyptusarten, von denen manche mehr als 40 Meter hoch werden, und nicht weniger als 700 Akazienarten, deren Erscheinungsform von zentimeterhohen Zwergwuchsarten bis zu Bäumen von 25 Meter Höhe reicht. Einige Gattungen sind besonders reich

vertreten, wie beispielsweise Bedecktsamer mit 1200 Arten, Farne mit 260 Arten, Moose mit 600 Arten und Tausende von Pilzarten. Es treten auch Pflanzen aus dem malesischen Florenreich auf, insbesondere in Queensland, das die natürliche Eingangspforte für asiatische (Bambus, Orchideen) als auch sehr primitive, aus dem antarktischen Reich stammende Arten ist.

Die im Großteil des Landes herrschende Trockenheit führte zu einer an diese Bedingungen angepaßte Vegetation, nur fünf Prozent der Gesamtfläche sind von Wald bedeckt. Von Nord nach Süd folgen fünf unterschiedlich viel Raum einnehmende Vegetationszonen. Zunächst wächst tropischer Regenwald, der Teile der Ostküste von der Nordspitze bis zum Südlichen Wendekreis

Die gesamte Nordküste sowie der Saum der kleinen Inseln sind mit Mangrovenwäldern bedeckt, in denen Bäume mit mächtigen Luftwurzeln wachsen.

◁◁ Die im Northern Territory gelegenen »billabongs« gelten bei den Aborigines als heilig. Diese Brackwassersümpfe sind die Heimat vieler Tiere, vor allem von Vögeln.

bedeckt. Charakteristisch für ihn sind Mangrovenwälder, immergrüne Pflanzen, Aufsitzerpflanzen, Farne, Lianen und Bambus. An diese Zone schließt sich der riesige Busch an, der die Hälfte Australiens bedeckt. Hierbei handelt es sich um Savannen, die stellenweise in lichten Niederwald übergehen und neben zahlreichen Akazien Arten wie Kasuarinen, Flaschenbäume und Grasbäume aufweisen. Die dritte Zone ist der sogenannte *scrub*, eine Steppe aus Buschwerk mit Zwergeukalypten und kleinwüchsigen Dornbüschen. Darauf folgt – im Inneren Westen – eine «richtige» Wüste, die von wenigen mageren Stachelgräsern bewachsen ist. Und schließlich öffnet sich im Süden der große tropische Regenwald, der allmählich in regengrünen Feuchtwald übergeht. Hier wachsen unzählige Palmen, Baumfarne, Rieseneukalypten und Nadelbäume.

Die Isolierung Australiens hat sich ebenso stark auf die Tierwelt ausgewirkt. Hier finden sich etwa 160 Säugetierarten, die sonst auf der Welt unbekannt oder ausgestorben sind. Am bekanntesten sind die Beuteltiere, deren Kennzeichen ein Beutel, eine Felltasche mit Zitzen, ist, in dem die Jungen gesäugt werden. Zu dieser Gruppe gehören Opossum, Koala und mehr als 50 Känguruharten. Manche Tiere stellen regelrecht lebende Fossilien dar: so etwa die Kloakentiere, zu deren Vertretern Ameisenigel und Schnabeltier gehören und die eine gemeinsame Öffnung von Exkretions- und Geschlechtsorganen besitzen.

Es ist unmöglich, ein komplettes Bild der australischen Fauna aufzuzeigen. Die Zahlen allein sprechen für sich: über 100 höhere Säugetiere, 500 Vogelarten (wobei alte, von Gondwanaland-Vorfahren stammende Familien wie Emus, Kasuare, Kakadus, Leierschwänze und Großfußhühner neben Einwanderern aus dem asiatischen Raum wie zum Beispiel dem Mistelesser zu finden sind), 400 Reptilien, 110 schwanzlose Lurche sowie 50 000 Insekten. An Reptilien sind Drachen, Skinks, Agamen, zahlreiche Warane, Krokodile sowie viele gefährliche Giftschlangen (Taipan, Korallenschlange, Tigerotter, Kupferkopf, Todesotter) zu nennen. Ein Höhepunkt für Zoologen ist das Naturwunder, das die Korallenriffe des Great Barrier Reef darstellen. Hier leben rund 4000 Weichtier- und über 1500 Fischarten. Mehr als 350 verschiedene Arten von Korallen mit einer phantastischen Farben- und Formenvielfalt wurden registriert. Eine Besonderheit in den Binnenflüssen sind die Australischen Lungenfische, die vor 350 Millionen Jahren entstanden, sowie die bis zu 70 Pfund schweren Barramundis.

Der Emu ist ein nur auf dem australischen Kontinent lebender Laufvogel (links).

Das Rote Riesenkänguruh kann bis zu zwei Meter groß werden (rechts).

Die Aborigines

Heute leben nur noch etwa 180 000 Aborigines in Australien. 70 000 von ihnen gelten als *full blood*, also als reinblütige Ureinwohner. Diese Nachfahren der ersten Bewohner des Kontinents stellen heute nur noch knapp ein Prozent der Gesamtbevölkerung dar.

Von den 17 600 000 australischen Staatsbürgern sind 95 Prozent europäischer Abstammung. Allein 90 Prozent davon sind Briten, danach kommen Italiener, Griechen, Jugoslawen und andere kleinere Gruppen wie Deutsche, Holländer und Polen. Eine kleine asiatische Minderheit, die aus Indonesiern und Chinesen besteht, sowie Ozeanier stellen etwa vier Prozent der Bevölkerung. An diesen Verhältnissen nicht ganz unschuldig ist der Immigration Restriction Act von 1902, der ärmeren Europäern und vor allem afrikanischen und asiatischen Bevölkerungsgruppen den Zugang nach Australien erschwerte.

Statistisch gesehen ist dieses Land mit einer Bevölkerungsdichte von nur etwa 2,2 Einwohnern pro Quadratkilometer eine der am dünnsten besiedelten Regionen der Erde.

Völkermord und europäische Kolonialisierung

Der australische Kontinent wurde im 17. Jahrhundert entdeckt. Nachdem der Spanier Luis Vaez de Torres ihn bereits 1606 angesteuert hatte, dann aber nach Südwesten abgetrieben worden war, entdeckten ihn die Holländer Willem Janszoon, der einen sicheren Seeweg von Niederländisch-Indien zum heimatlichen Holland suchte, im Jahr 1606 und Abel Tasman, der vom Generalgouverneur auf Java entsandt worden war, im Jahr 1642. Er nannte die Insel, auf der er landete, Van-Diemens-Land. Diesen Namen behielt sie, bis sie 1853 in Tasmanien umbenannt wurde.

Die Kolonialisierung des riesigen Gebiets begann allerdings nicht vor dem 19. Jahrhundert, als sich die Briten aus wirtschaftlichen und strategischen Gründen für dieses ferne Land zu interessieren begannen. Die Inbesitznahme Australiens durch die Briten führte zu einem Völkermord, wie ihn nur wenige Länder kennen. Die Aborigines, deren Zahl bei Eintreffen der Europäer auf 350 000 geschätzt wird, wurden systematisch ausgerottet, um Kolonisatoren und Abenteurern jeder Art Platz zu machen. Die britische Krone verwandelte ab 1787 das Land in eine riesige Sträflingskolonie, indem sie die Insassen ihrer Gefängnisse in die immer zahlreicher werdenden australischen Straflager deportierte.

Zur gleichen Zeit wurden «establishments» und «stations» gegründet, auf denen Viehwirtschaft in großem Stil betrieben wurde. Ab 1851 führte die Entdeckung von Goldvorkommen zum Goldrausch. Allein im Jahr 1852 wanderten etwa 100 000 Menschen nach Australien ein – eine für damalige Zeit gewaltige Zahl. Innerhalb von zehn Jahren verdoppelte sich die australische Bevölkerung und stieg von knapp 500 000 Einwohnern im Jahr 1851 auf über eine Million im Jahr 1861. Die Aborigines waren im Gegensatz zu ihren Nachbarn – den Maori in Neuseeland und den Melanesiern – keine Krieger. Sie lebten noch in der Vorgeschichte und in ihren mythologischen Träumen, so daß sie dem Vordringen der Weißen keine Gegenwehr entgegenbringen konnten. Nie leisteten sie Widerstand, sie beschränkten sich allenfalls auf einzelne Angriffe oder kleine Revolten, die sehr schnell niedergeschlagen wurden. In Tasmanien wurden sie vollständig Ende des 19. Jahrhunderts ausgerottet.

Auf dem australischen Kontinent lebten 1933 noch 67 000 Aborigines, 1945 waren es nur noch knapp über 50 000. Seit dem Referendum von 1967 garantiert ihnen die australische Verfassung vollwertige Staatsbürgerschaft. Das in Regierungsprogrammen verankerte Recht auf kulturelle Verschiedenheit der Aborigines dient allerdings vornehmlich dazu, das Gewissen der weißen Mehrheit zu beruhigen. Die Landflächen, die ihnen zurückgegeben wurden, liegen fast alle in den Wüstenzonen. Und wie viele in den Wellblechhütten der Armenviertel von großen Städten dahinvegetierende Ureinwohner stehen einem erfolgreich in die weiße Gesellschaft integrierten Aborigine gegenüber?

Die relativ hohe Geburtenrate der Aboriginal-Frauen wird – trotz Fortschritten auf dem Gebiet der Hygiene und medizinischen Fürsorge – durch eine hohe Kindersterblichkeitsrate geschmälert. Die mittlere Lebenserwartung der Aborigines liegt bei 52 Jahren, während es bei den Weißen 75 Jahre sind. Der starke Bevölkerungszuwachs, der zwischen 1945 und 1975 zu verzeichnen war, scheint sich heute zu verlangsamen. Viele Forscher glauben, daß das traditionelle Aboriginal-Volk das hochentwickelte 21. Jahrhundert nicht überleben wird.

Die zahlreichen Schöpfungsmythen der australischen Aborigines gehen auf die mystische «Traumzeit», – «Lalai» ist ein Aboriginal-Begriff dafür – zurück. Auf diese Zeit bezieht sich auch die folgende, im Zentrum und im Osten des Landes wohlbekannte Legende.

▷ *Ein Aboriginal-Jäger in Lauerstellung. Vollkommen unbeweglich verharrt er in dieser Position, bis er den Geruch von Beute aufnimmt.*

Himmel, Erde und Ozean existierten schon immer. Zu Beginn der Traumzeit sahen sie bereits aus wie heute. Gottheiten und Geister teilten sich die Welt. Im Himmel herrschten Yhi, die Sonnengöttin, Balhoo, der Mondgott mit seinem Begleiter, dem treuen Raben Wahn, und das Siebengestirn Meamei.

Die Erde war das Reich von Tya. Auf ihr lebten die Nurrumbunguttia, männliche und weibliche Geister mit fast menschlicher Gestalt. Sie hatten kein einfaches Leben. Tagsüber wurden sie von der Sonne verbrannt und nachts zitterten sie vor Kälte. Feuer kannten sie nicht, und ihre Nahrung aßen sie roh. Also erfanden sie das Feuer, um sich zu wärmen und ihre Speise zu kochen. Den Göttern aber mißfiel dieser Feuerschein; so sandten sie eine gewaltige Flutwelle, um ihn zu löschen. Unerbittlich wurde die ganze Erde überschwemmt. Viele Nurrumbunguttia ertranken in den Fluten. Die anderen wurden durch den Wind gerettet, der sie in den Himmel brachte. Dabei drückten sie die Glut, die sie hatten bewahren können, fest an sich. Im Himmel angekommen, wurden die Nurrumbunguttia in Sterne verwandelt. Da sie nun weder Hunger noch Durst, weder Hitze noch Kälte kannten, warfen sie ihre Glut in den Himmel. So entstand die Milchstraße.

Einige Geister aber hegten Groll und Wut gegen die Götter, die ihre Rasse ausgelöscht hatten. Sie weigerten sich, Sterne zu werden und zogen es vor, am weiten Himmel umherzuirren. Sie waren die Ursache für Stürme und Naturkatastrophen. Die anderen Nurrumbunguttia wählten ihre Ältesten, damit sie zu Göttern würden und zusammen mit den großen Urgottheiten an der Lenkung der Welt teilhätten. Die beiden Hauptgötter waren Baiame und Pund'jil. Sie nahmen ihren Sitz in der Milchstraße ein. Im Gegensatz zum Großen Geist Baiame, dem Himmelshelden, den sie «Vater aller Dinge» nannten, weil er die Tugenden allen Lebens innehatte, weise und ruhig war, war Pund'jil unbeherrscht und ungestüm.

Unterdessen hatten die verheerenden Fluten auf der Erde nachgelassen. Zuerst tauchten wieder die Berge aus dem Wasser auf, dann die Täler. Der Ozean kehrte an seinen ursprünglichen Platz zurück. Yhi begann, die Welt erneut mit Leben zu erfüllen. Wer fliegen konnte, kam in den Himmel, wer schwimmen konnte, in den Ozean und wer laufen, springen und kriechen konnte, auf die Erde. Weil sich Yhi aber vom Aussehen der früheren Nurrumbunguttia hatte leiten lassen und alle nach demselben Bild schuf, wiesen alle annähernd menschliche Züge auf. Das führte nun zu einem unvorstellbaren Durcheinander. Zwar war die Lebens- und Denkweise der Lebewesen sehr verschieden, ihr Aussehen aber war so ähnlich, daß sie sich gegenseitig nicht mehr wiedererkannten. Auch war der ihnen zugedachte Körper schlecht an die Lebensbedingungen in Wald, Ozean oder Luft angepaßt. So gingen sie hin und beklagten sich bei Yhi, die sich bereit erklärte, jedem den Körper zu geben, den er sich wünschte. Fledermaus und Vogel bekamen von ihr Flügel, Fische Schwimmflossen und Schuppen, Säugetiere Beine, und Insekten Panzer. Als sie fertig war, bemerkte sie zwei unbewegliche Wesen. Sie schienen Angst zu haben und baten um nichts. Da sie auch ihre Fragen nicht beantworteten, suchte Yhi bei den beiden Göttern Rat. Es wurde beschlossen, die beiden nach dem Bild Baiames zu modellieren und sie mit einer Seele aus einem Stück des Helden zu erfüllen. Diese göttliche Aufgabe wurde den Kindern Pund'jils übertragen. Kararok, der Sohn, und Babiger, die Tochter, fuhren in sie und schufen so den ersten Mann und die erste Frau. Um sie von den anderen Kreaturen zu unterscheiden, gestattete Nepelle, der Herrscher des Himmels, dem Stern Wang, ihnen einen Teil des Himmelsfeuers zu geben. So konnten sich die neuen Menschen nachts wärmen und ihre Speise kochen.

Da die Welt noch eng mit dem Werk der Schöpfung verbunden war, wußten die Lebewesen noch viele Dinge, die später vergessen wurden. Der Mensch verstand die Schlange und redete mit dem Känguruh, das sich mit Vogel oder Fisch unterhalten konnte. Baiame half dem Menschen im Umgang mit der Natur, denn sie waren ja seine geistigen Kinder. Er hatte einige von ihnen ausgewählt, um aus ihnen Bindeglieder zwischen sich und der Menschheit zu machen. Das waren die Wirinum (Schamanen), die im Schlaf zum Himmel emporstiegen, wo sie göttliche Befehle erhielten und magische Kräfte

DIE LEGENDE VON BAIAME

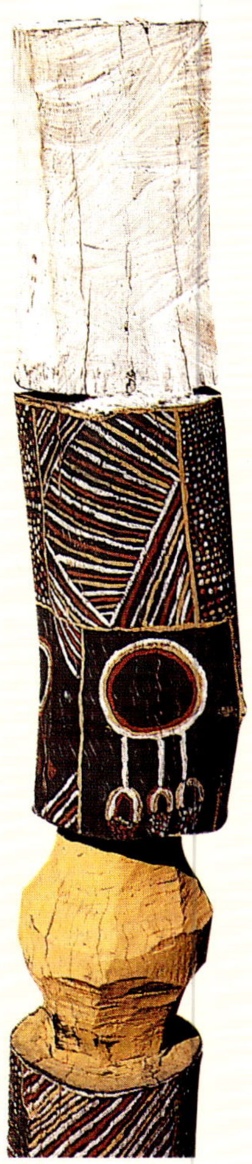

erwarben. Stiegen sie wieder auf die Erde hinab, geleiteten die Wirinum ihre Brüder auf den «Wegen der Träume» und führten sie so auf der ganzen Erde umher. Jedesmal, wenn sie eine Quelle fanden, rammten sie einen Stock in die Erde und gründeten ein Lager, das sie einer Gruppe von Männern und Frauen anvertrauten. Unter der Leitung ihrer Schamanen entdeckten und bevölkerten die Menschen die ganze Erde. Sie erfanden die Zivilisation.

Die Menschen verloren nach und nach den Kontakt zu den Tieren. Sie töteten sie, auch wenn sie nicht hungrig waren, und vergaßen ihre gemeinsame Herkunft. Der wiederholten Morde überdrüssig, gingen die Tiere hin und beklagten sich bei Yhi und Baiame. Die Götter wollten die Menschen nicht bestrafen, denn diese waren ihre Lieblingsgeschöpfe. So wandten sich die Tiere an den hitzigen Pund'jil und gaben zu bedenken: Wenn der Mensch existiert, dann ist Gott – durch seine Kinder – dafür verantwortlich. Pund'jil rief daraufhin diejenigen der alten Nurrumbunguttia zu sich, die im Himmel umherirrten. Er befahl ihnen, die Menschen niederzumetzeln. Die Geister waren froh, sich an denen rächen zu dürfen, die ihren Platz auf der Erde eingenommen hatten. Über die unglückseligen Menschen kamen Taifune, Wirbelstürme, Sandstürme und Erdbeben, vor denen sie in Höhlen und unter Felsen Schutz suchten. Viele von ihnen kamen dabei um. Nun begab sich Pund'jil selbst auf die Erde. Er zerstückelte die Überlebenden und verstreute ihre Überreste in alle vier Himmelsrichtungen. Nur einige Gerechte wurden dank Baiame verschont. Zusammen mit den Vertretern der Tiere versammelten die Götter sie um sich. Die Menschen mußten versprechen, keine Tiere mehr zu töten – außer um sich zu ernähren. Die Tiere erklärten sich einverstanden, daß einige von ihnen das Fleisch zu liefern hätten, das die Menschen brauchten. Die Götter aber, die wußten, daß Versprechen vom Vortag häufig am nächsten Morgen vergessen sind, beschlossen, sämtlichen Lebewesen das Gesetz des Todes aufzuerlegen. So hätte keine Art – ob Pflanze, Tier oder Mensch – Zeit, die anderen zu vernichten – der Friede auf Erden verlangte diesen Preis.

Nordaustralien erstreckt sich vom Kimberley-Plateau bis zur Kap-York-Halbinsel. Neben mehreren vor der Nordküste liegenden Inseln – Bathurst, Melville, Elcho, Wessel, Barrow und Wellesley – umfaßt dieses Gebiet jeweils das nördliche Drittel der drei Staaten Western Australia, Northern Territory und Queensland.

Diese Gegend gilt als der am längsten bewohnte und traditionellste Teil Australiens. Hier leben sehr viele Aboriginal-Bevölkerungsgruppen, die sich auf mehrere große Stammesverbände verteilen: Unter anderem sind dies die Djuwali, Brinken, Gunavidji, Wulamba-Murngin, Tiwi, Wadaman, Wogiman und die Jaraldi.

Besonders Arnhem Land, ein zerklüftetes Sandsteinplateau im nordöstlichen Teil des Northern Territory, ist eines der letzten großen Rückzugsgebiete der australischen Urbevölkerung. Dieses alte Stammland der Aborigines ist reich an archäologischen Fundstätten und Felsmalereien.

NORD-AUSTRALIEN

Die Aboriginal-Gesellschaft

Die soziale Organisation der Ureinwohner basiert auf dem Besitz von Land und seiner Nutzung. Die Aborigines glauben, daß ihr Stammesgebiet von mythischen Schöpferwesen geformt wurde. Jeder Stamm, jeder Clan und jede Familie ist rituell mit seinem streng abgegrenzten Territorium verbunden, dessen Fläche von der Größe der Gemeinschaft und dem Nahrungspotential abhängig ist. Dabei kann jedes Territorium nur Männern und Frauen gehören, die sich gegenseitig als Mitglieder von ein und derselben Gruppe anerkennen. Innerhalb des vom Brauchtum gesteckten engen Rahmens wird dem Individuum jedoch ein großer Freiraum eingeräumt. So können beispielsweise Pflanzkulturen und Viehzucht auch von gruppenfremden «Durchreisenden» angelegt beziehungsweise betrieben werden. Diese «Durchreise» kann Jahre dauern, und häufig lassen sich die durchziehenden Gruppen auch für immer bei dem Stamm nieder, der sie zunächst nur vorläufig aufgenommen hatte. Die traditionelle Wirtschaftsform war allerdings das Wildbeutertum: Die Nahrung wurde durch Sammeln von wildwachsenden Pflanzen und Früchten, Jagen und Fischfang gewonnen, die Aborigines lebten nomadisch, wenn auch die Küstenstämme aufgrund des dort reicheren Ernährungspotentials ihre Lager viel seltener wechselten als die Bewohner der Trockengebiete. Töpferei, Weberei und Metallverarbeitung waren bei diesen Volksgruppen nicht bekannt.

Die drei anderen Grundlagen der Aboriginal-Gesellschaft im Norden sind absoluter Respekt der Familienbande, exogame Heiraten, das heißt, daß eine Verbindung nur außerhalb des eigenen sozialen Verbands möglich ist, und Achtung der überkommenen Riten. Die Ehe gilt als endgültig, die Vorrangstellung der Alten ist unbestritten, Inzest – selbst unter entfernten Cousins – ist das schlimmste Vergehen, Reichtum und Ansehen des einzelnen sind immer historisch oder moralisch begründet.

Trotz des Einflusses der Weißen bestehen die alten Kulte fort. Alle männlichen Jugendlichen müssen sich Initiationsriten beim Eintritt ins Erwachsenenleben unterziehen. Die Aboriginal-Gesellschaften haben eine sehr spirituelle Vorstellung vom Leben und vom Menschen. Die strikte Beachtung moralischer und religiöser Regeln wie das Verbot von Verbrechen und Diebstahl, Verurteilung zum Exil bei Verstößen, Anwendung von Magie, Schutz der Umwelt führt zu zahlreichen Tabus, die ihr tägliches Leben prägen.

Riten der Traumzeit

Die Clans teilen das Land unter sich auf: Es besteht aus einzelnen Territorien, deren Gliederung weit in die Vergangenheit, bis in die Zeit der Gründerahnen, zurückreicht. Die Jagdgebiete haben allerdings keine Grenzen, so daß die Jäger das Wild bis ins Territorium eines anderen Clans verfolgen können. Den legitimen Eigentümern dieses Gebiets steht dann jedoch ein Teil der Beute zu. Die Ureinwohner sahen sich nie als Bezwinger der Natur, sondern stets als integrierter Bestandteil des Systems aus Land, Pflanze, Tier und Mensch und besitzen eine für Europäer nur schwer verständliche Bindung zu ihrem angestammtem Land.

Der Einfluß der Träume – vor allem wenn sie voraussehenden Charakter haben – ist von entscheidender Bedeutung. Die Aborigines gehen davon aus, daß jeder im Schlaf geträumte Traum notwendigerweise ein Stück Wirklichkeit enthält: Aus einer unsichtbaren Welt erhalten sie Ratschläge oder Befehle, die sie im täglichen Leben leiten. Nur die Weisen und Hexer-Heiler besitzen die Gabe, mit den Geistern zu kommunizieren und deren Botschaften zu interpretieren.

Ihre Worte liegen auch einem erstaunlichen Literaturfundus und zahlreichen Liedern und Tänzen zugrunde. Stammestreffen bieten die Gelegenheit, die andere Wirklichkeit dieser parallelen Welt zu spielen und zu «leben».

Fortsetzung Seite 61

Pflanzenmehl und Lehm im Gesicht dieses alten Mannes vom Stamm der Gunavidji bedeuten, daß er bereit ist, mit den unsichtbaren Geistern in Verbindung zu treten.

◁ *An einem heißen Nachmittag löscht ein Angehöriger des Djuwali-Stammes seinen Durst mit Wasser aus einem Fluß auf dem Kimberley-Plateau.*

◁◁ *Die Umgebung östlich des Mount Todd.*

Die Lardil essen für ihr Leben gern Seerosen, die sie nach der Regenzeit pflücken.

◁◁ Bei Abenddämmerung schlägt ein kleiner Clan der Jirjirond sein Lager im Busch der Kap-York-Halbinsel auf. Die Mahlzeit wird heute nacht aus zwei großen gebratenen Eidechsen bestehen.

Das Sammeln von Muscheln bei Ebbe gehört hier auf Elcho Island zu den Aufgaben der Frauen.

Jäger verfolgen die Spuren von Wallabies im westlichen Arnhem Land. Vor dem Hintergrund der von der Sonne verbrannten Vegetation hebt sich ein weißer Termitenhügel deutlich ab.

Die von den Brinken beim Speerwurf verwendete Technik läßt sich bis in die Vorgeschichte zurückverfolgen. Mit der Speerschleuder kann man die Weite eines Wurfes verdreifachen.

Stilisierte Tiere und Sterne gehören zu den traditionellen Motiven der zeremoniellen Körperbemalung.

Die Miriwong spielen die himmlische Jagd ihrer Gründerahnen nach. Zwei Musiker begleiten ihren Tanz. Der Bläser links spielt auf einem «Didgeridoo», einem langen Holzrohr ohne Mundstück, das rauhe Töne hervorbringt.

Arnhem Land bietet eine vollständige Palette sehr alter Felsmalereien. Neben hochstilisierten, feingliedrigen Menschengestalten (unten) finden sich im Röntgenstil gezeichnete Tiere wie dieser Barramundi von Ummorduk (oben).

Der Fluß Katherine fließt mitten durch ein heiliges Gebiet der Aborigines. Nicht nur die Schönheit der Landschaft, sondern auch die Felsmalereien an seinen Ufern ziehen zahlreiche Besucher an.

Darstellung einer legendären «Traumzeit»-Überlieferung: die Schöpfung der Welt und ihre Aufteilung unter drei göttliche Beschützer.

Trotz weißer Regierung und christlicher Missionare blieb dieser Glaube fest in dem mehr als 2000 Jahre alten Kulturgut verankert. Auch Initiationsriten wie die Beschneidung bei jungen Männern werden weiterhin vollzogen und gehören fest zur Aboriginal-Welt. Die Trennung zwischen den Geschlechtern wird mit dieser schmerzhaften Prüfung vollkommen, dabei soll durch die Überwindung des Schmerzes die Fähigkeit bewiesen werden, im Namen des Gruppeninteresses über sich selbst hinauszuwachsen. Diese Art von Zeremonie soll letztlich den Geist der Gruppe stärken und die Clan-Solidarität untermauern.

Die Kunst der Ureinwohner

In Nordaustralien finden sich die schönsten und ältesten Beispiele der Aboriginal-Kunst, die seit ihren Anfängen mit der «Traumzeit» verbunden ist.

Die verschiedenen Aboriginal-Sprachen kennen keinen Begriff für Kunst oder Künstler; Kunst war in einem religiösen Sinn stets zweckgebunden, denn sie stellt die Verbindung zum uralten mythologischen und kulturellen Ursprung und zu den mythischen Vorfahren her. Noch eine weitere Funktion hatte die Kunst: Da die Aborigines nie eine Schrift entwickelt hatten, gaben sie ihre Legenden und Überlieferungen, insbesondere ihre Schöpfungsmythen, durch ihre Felsmalereien wieder. Die Aboriginal-Kunst ist heute noch lebendig und blieb von technischem Fortschritt und dem Auftreten einer neuen Gesellschaft unberührt.

Die ältesten Kunstwerke der Erde

Die ersten bekannten Zeugnisse von Aboriginal-Kunst entstanden vor mehr als 30 000 Jahren, somit handelt es sich um die ältesten künstlerischen Werke der Welt.

Zwei Besonderheiten räumen ihr einen einzigartigen Platz innerhalb der ozeanischen Kunst ein: Zunächst einmal handelt es sich nicht um Kunst von Fachleuten oder anerkannten Künstlern, vielmehr kann jeder Mensch – auch Kinder – das Werk seiner Wahl schaffen. Es besteht ein krasser Gegensatz zwischen der Einfachheit der verwendeten Materialien wie Rinde, Stein und Muscheln, den angewandten Techniken und dem hohen Abstraktionsgrad der Darstellungen. Man muß betonen, daß diese Werke eine künstlerische Ausdrucksform primitiver Nomadenstämme sind, die jahrtausendelang Jäger und Sammler waren und somit keine schweren Lasten mit sich führen konnten. So erklärt sich auch die deutliche Trennung zwischen den mitgeführten Kunstgegenständen geringer Größe oder Objekten mit praktischer oder ritueller Zweckbindung (Gerätschaften, Waffen, kleine Statuen, magische Knochen oder Hölzer) und den dauerhaften Felszeichnungen und -ritzungen, die die Menschen auf den Innenwänden von Höhlen hinterließen.

Erstere wurden von Generation zu Generation weitergegeben und führten zu den heutigen, fast unverändert gebliebenen Objekten. Bei den Felsmalereien und -gravuren handelt es sich, abgesehen davon, daß sie außergewöhnliche historische Zeugnisse von der Frühgeschichte bis in die Gegenwart darstellen, häufig um wahre Meisterwerke. Als Farben wurden natürliche Pigmente verwendet, so etwa rote und gelbe Ocker, Kalk oder Holzkohle. Diese natürlichen Stoffe wurden mit Holzstäbchen, Pinseln oder mit den Fingern aufgetragen. Zur Fixierung der Kunstwerke griffen die Ureinwohner auf Orchideensaft und Honig zurück.

▷ *Verzierung eines Bestattungspfahls (links) und einer Totemfigur (rechts) bei den Tiwi, einer Ethnie der Inseln Bathurst und Melville. Diese Kunstwerke sind bei Sammlern primitiver Kunst sehr begehrt.*

Es lassen sich vier Hauptphasen in der Entwicklung der Aboriginal-Kunst unterscheiden. Der erste, bis in die Steinzeit zurückgehende Abschnitt ist gekennzeichnet durch unregelmäßige, abstrakte Gravuren aus groben Linien in Verbindung mit kleinen Löchern.

In der zweiten Phase kommt es zu klarerer Linienführung und der Entstehung einfarbiger Bilder, die vor allem die Darstellung menschlicher Wesen und Totemtiere zum Inhalt haben.

Im Bronzezeitalter taucht dann eine sehr viel symbolischere Form mit geometrischen Figuren und Tierspuren auf.

Und schließlich schufen die Künstler monumentale und vielfarbige naturalistische Werke, in denen, dem Ritus folgend, die sichtbare Welt der Menschen und Tiere die unsichtbare Welt der Geister berührt. Dieser Umstand verleiht der Aboriginal-Kunst ihre individuelle, zeitlose und magische Prägung.

Die riesige Eyresee-Senke liegt zwölf Meter unter dem Meeresspiegel. Stellenweise ist sie von Salzwüste bedeckt.

Ein riesiges, aus Wüstenflächen bestehendes Gebiet nimmt nahezu zwei Drittel des Kontinents ein und umfaßt den Großteil Westaustraliens sowie das gesamte Landesinnere. In der Mitte dieser Landschaft liegt der berühmte Ayers Rock, der größte Monolith der Welt und Heilige Berg der Ureinwohner.

Diese Region entspricht genau dem Bild, das sich Ausländer von Australien machen. Hier durchstreifen noch große Aboriginal-Gemeinschaften das Gebiet. Sie leben zwar in Verbänden, die weit weniger strukturiert und organisiert sind als die im Norden, die Mitglieder sind aber möglicherweise den Traditionen ihrer Vorfahren enger verbunden. Die bekanntesten Stammesgemeinschaften sind die der Bidjandjara, Bindubi, Walbiri und die Aranda.

Die Wüste

Der Begriff «Wüste» wird in Australien sowohl für die ariden Gebiete im Westen und Landesinneren als auch für die subariden Gebiete gebraucht, die man korrekterweise als Halbwüsten oder Wüstensteppen bezeichnen müßte, da sie mit 250 Millimeter Niederschlag im Jahresdurchschnitt knapp über der kritischen Marke liegen, unter der die Wüsten im wirklichen Sinn beginnen.

Eigentliche Wüsten sind die Great Sandy Desert südlich des Kimberley-Plateaus im Westen, die sich im Süden anschließende Gibson Desert, die Great Victoria Desert, die anschließend in die Halbwüste der Nullarbor Plain – in der, wie schon der Name sagt, kein Baum wächst – übergeht, und die Simpson Desert, an die sich südwärts die Eyresee-Senke anschließt.

Diese Wüsten rahmen ein sehr trockenes Plateau ein, das wegen seiner roten Felsen auch das «Rote Herz» genannt wird und das den ältesten Teil des australischen Kontinents darstellt. Die echten Wüsten und das «Rote Herz» gehören zu den trockensten Gebieten unseres Planeten, wobei sich ihre Vegetation allerdings stark voneinander unterscheidet. In der Sand- oder Steinwüste (vergleichbar mit Ergs und Regs der Sahara) versucht die spärliche Vegetation sich an die fast gänzlich fehlenden Niederschläge anzupassen. Sie beschränkt sich auf einige Stachelgräser und hat sich auf Standorte in die ausgetrockneten ehemaligen Flußläufe zurückgezogen. Am trostlosesten sind die weiten Steinebenen, die aus Quarzit und Jaspis sowie roten Chalzedonen bestehen und die nach der Aboriginal-Bezeichnung für Steine «gibbers» genannt werden.

INNER-
AUSTRALIEN

Die öden Landstriche wie Nullarbor Plain oder Lake Eyre Basin in unmittelbarer Umgebung der Wüsten erhalten manchmal Niederschläge und zeigen spärlichen Bewuchs aus Salz- und Dornbüschen sowie sukkulenten Pflanzen.

Für das «Rote Herz», das sich als eine Folge verwitterter Felsen und Tafelberge darstellt, typisch ist kleinwüchsiges dorniges Buschwerk, das durch die unregelmäßigen Regenfälle im Januar und Februar am Leben gehalten wird. Je nachdem, ob niedrig wachsende Eukalyptusarten dominieren oder Akazien vorherrschen, spricht man von Mallee-Scrub oder Mulga-Scrub, der nach der häufigsten Art, der «Mulga» benannt ist. Je nach Feuchtigkeit wechselt der Unterwuchs zwischen dichtem Gebüsch und Gräsern.

Das Leben in der Wüste

Die Notwendigkeit in einer derart feindlichen Umgebung leben zu müssen, hat ganz besondere menschliche Gesellschaften und Lebensformen hervorgebracht. Jeder einzelne kann sich an typischen Landschaftsmerkmalen, Sonne und Sternen orientieren, beherrscht bestimmte Jagdtechniken und die Fährtensuche zum Aufspüren von Wild. Diese Kenntnisse werden von einem zum anderen weitergegeben. Da ein Überleben außerhalb der Gruppe kaum möglich ist, besteht ein sehr starker Stammeszusammenhalt. Der einzelne existiert nur durch und für die Gruppe. Gemeinschaftsgefühl bestimmt das tägliche Leben, der Clan kümmert sich bei Krankheit oder Tod des Mannes um Frau und Kinder. Die Geburtenrate ist hoch, denn die Kinder müssen ja für ihre Eltern sorgen, wenn die einmal alt sind. Wasserknappheit und die zur Verfügung stehende Nahrung haben zu körperlicher und geistiger Anpassung der Menschen an ihre Umgebung geführt: Jeder besitzt einen regelrechten inneren Kalender, durch den er – wir würden das als «instinktiv» bezeichnen – Wind, Hitze, Kälte sowie die Nähe von Pflanzen oder Tieren vorhersagen kann. Hier, wo mit Ausnahme einiger vertrockneter Arten nahezu keine eßbare Pflanze wächst, haben die Ureinwohner besonders starke Zähne und eine äußerst kräftig entwickelte Kiefermuskulatur, so daß sie auch härteste Körner kauen können. In diesen verbrannten und vegetationslosen Weiten, wo die Tiere bei der geringsten Gefahr flüchten, besitzen die Jäger Waffen großer Reichweite wie Bumerang und Speerschleuder, um ihre Beute zu erlegen – denn für einen Wettlauf sind die Tiere viel zu schnell.

Eine Gruppe Schamanen aus den Reihen der Gadudjara, Bidjandjara und Aranda bereitet sich auf ein «Corroboree», ein Stammestreffen, vor. Im Verlauf dieser Feier wird der Beschneidungsritus vollzogen. Die konischen Hüte bestehen aus mit Menschenhaaren zusammengebundenen Rindenstücken.

Synthetische Farben und Stoffe ersetzen immer häufiger natürliche Pigmente und Fasern.

Wasser und vor allem die Tiere, die wichtigsten Voraussetzungen zum Überleben, haben Eingang in die Mythen der Wüstenbewohner gefunden und sind auch in die gesellschaftliche und moralische Ordnung der Stämme einbezogen. Zwischen ihnen und den Aborigines bestehen rituelle Familienbande. Jedes Mitglied einer Familie, eines Clans ist mit einem Totemtier verbunden, das er nicht töten darf – es sei denn in äußerster Not und dann nur nach langer Bußzeremonie. Dieses Tier, das als irdischer Vertreter eines unsichtbaren Wesens aus der «Traumzeit» gilt, wacht im Gegenzug über seine menschlichen «Brüder», deren Existenz dadurch gesichert ist, daß die Tiere freiwillig ein Opfer aus ihrer Mitte bringen. Diese Vorstellung hat nicht nur den Vorteil, daß sie dem Leben in der Wüste eine reiche geistige Dimension verleiht, sondern ist auch eine wirksame und ökologische Methode, das Leben der Tiere, also die Nahrung, zu bewahren.

In Zeiten relativen Überflusses finden Stammesversammlungen statt, die sogenannten *corroboree*. Die Clans versammeln sich dann und essen, singen, tanzen zum Klang langer, dicker flötenähnlicher Blasinstrumente, die *didgeridoo* heißen und aus einem bis zu drei Meter langen, aus einem von Termiten ausgehöhlten Eukalyptusast hergestellt werden, sie lauschen den herrlichen Heldengeschichten vergangener Zeiten, die oft Hunderte von Versen umfassen, erzählen die Schöpfungsgeschichte des jeweiligen Stammes und arrangieren Hochzeiten.

Vor allem aber kommt es anläßlich der Corroboree zu Initiationszeremonien für die männlichen Jugendlichen und zur Feier religiöser Mysterien, die seit Jahrtausenden das Leben der Ureinwohner bestimmen.

Der von diesen beiden Aranda benutzte Jagdbumerang kehrt entgegen der landläufigen Meinung nicht zu seinem Werfer zurück. Daneben gibt es eine andere Art von Bumerang, die als Waffe dient und deren Form der gekrümmten Klaue eines Känguruhs nachgebildet ist. Die Rückkehrbumerangs, perfekte Meisterwerke der Aerodynamik, sind eine Sonderform und wurden hauptsächlich zum Treiben von Beutetieren oder als Spielzeug eingesetzt.

◁◁ *Stark verwitterte Hügel unterbrechen die Monotonie der riesigen und ausgedörrten, mit Buschwerk bewachsenen Sand- und Steinflächen. Charakteristische Landschaft im «Roten Herzen», hier südlich von Alice Springs.*

Schamanen handeln im Namen des Stammeshäuptlings. Nachdem sie ihren traditionellen Schmuck angelegt haben, tanzen sie zu Ehren der Geister um einen Totempfahl.

120°
130°
140°
150°
160°
P A Z I F I K
Äquator
Äquator
ADMIRALITÄTS-INSELN
Jayapura
IRIAN JAYA
PAPUA-NEUGUINEA
Wewak
NEUIRLAND
Bismarck-
Archipel
INDONESIEN
NEUGUINEA
Madang
NEUBRITANNIEN
BOUGAINVILLE
Salomonensee
Daru
Arafurasee
10°
10°
Port Moresby
Milne
Bay
Timorsee
Carpentaria-
Golf
Korallensee
120°
130°
140°
150°
160°

NEUGUINEA

Neuguinea ist mit einer Fläche von 884 000 Quadratkilometern nach Grönland die zweitgrößte Insel der Erde. Politisch ist sie in zwei etwa gleich große Teile gegliedert: Das im Westen gelegene Irian Jaya ist eine Provinz von Indonesien, der unabhängige Staat Papua-Neuguinea ist Mitglied im British Commonwealth. Zu dieser großen Insel gehören außerdem noch zahlreiche Archipele und Inseln, die je nach ihrer geographischen Lage von Irian Jaya oder Papua-Neuguinea verwaltet werden.

Die letzgenannten Inseln werden, obwohl sie von Melanesiern bewohnt werden, landläufig als die Papuas bezeichnet. Da sie eine eigenständige Einheit darstellen – die wichtigsten Nebeninseln sind Bougainville sowie die unter dem Namen Bismarck-Archipel zusammengefaßten Inseln Neubritannien, Neuirland und Manus –, werden sie im Kapitel über Melanesien behandelt.

Zwei Kontinentalplatten stoßen zusammen

Neuguinea entstand durch die Kollision der Indisch-Australischen Erdkrustenplatte mit der Philippinenplatte im Norden und der Pazifischen Platte im Osten. Der südliche Teil der Insel besteht aus einer ausgedehnten Plattform, die unmittelbar mit dem alten Australischen Schild, zu dem sie geologisch gehört, verbunden ist. Es handelt sich um eine tektonisch stabile Zone, die von mehreren Sedimentschichten überlagert ist.

Ein großes, zentrales Bergmassiv bildet den instabilen Rand des Australischen Schildes. In der südlichen Osthälfte der Insel wird dieses Gebirge von niedrigeren Bergen gesäumt, die vor allem aus Ablagerungsschutt gebildet wurden. Die Kordillieren selbst bestehen aus Kalkgestein, das sich auf einem alten Sockel aus Gneis und Grünschiefer angesammelt hat und viele vulkanische Einschlüsse aufweist. Der ganze Komplex wurde gegen Ende der Kreidezeit mehrmals herausgehoben, später setzten Faltungen der Zentralkette ein, die in geringem Umfang bis heute anhalten.

Die Heraushebung der sekundären Ketten im Norden erfolgte im mittleren und oberen Pliozän vor etwa sieben Millionen Jahren, wobei die Bruchzone der Bereich ist, an dem die Erdkrustenplatten aneinanderstoßen. Im Quartär führten gewaltige Verwerfungen zur Bildung der großen Flußdeltas, die typisch für den Süden sind.

Gebirge und sumpfige Niederungen

Neuguinea hat zwei Gesichter: bergig im Norden, flach und sumpfig im Süden. Beide Großlandschaften sind durch ein gewaltiges Bergmassiv getrennt. Zerklüftet und gekrönt von hohen Gipfeln wie dem 5020 Meter hohen Puncak Jaya in Irian und dem 4508 Meter hohen Mount Wilhelm in Papua-Neuguinea, durchzieht es die Insel auf ihrer gesamten Länge von Cenderawasih (oder Vogelkop) bis zur Huon-Halbinsel.

Im Westen, wo diese Gebirgskette höher ist, weist sie eine kompakte und geradlinige Struktur auf. Der Puncak Jaya ist ein massives Gebirge, dessen durchschnittliche Höhe niemals unter 4000 Metern liegt. Die Osthälfte des Gebirgszuges ist mit einer durchschnittlichen Höhe von 3500 Metern niedriger, weist jedoch eine komplexere Gliederung auf. Im Gegensatz zu Irian Jaya, wo die Berge direkt zu den Schwemmlandebenen im Süden abfallen, wird die Zentralkette im Osten von einer Reihe niedrigerer Berge gesäumt, die vor den Ebenen eine Art riesiges Plateau bilden.

Als Folge intensiver tektonischer Bewegungen ist diese Kette in mehrere Massive gegliedert (Pegunungan Maoke, Victor Emanuel Range, Bismarck Range, Owen Stanley Range). Tiefe Täler zerschneiden ihre Nord- und Südflanke. Im Norden des Zentralgebirges haben symmetrisch zu seiner Achse verlaufende Senken zur Entstehung mehrerer Parallelketten geführt (Pegunungan Tamrau, Pegunungan Van Rees, Adelbert Range, Finisterre Range, Saruwaged Range, Torricelli Mountains), die noch aktive Vulkane besitzen; sie gehören zu einer Vulkanlinie, die senkrecht zu der sich bis Neubritannien fortsetzenden Bruchzone liegt.

Zwischen Küstengebirge und Zentralkette haben mächtige Flüsse wie Mamberamo, Sepik und Ramu breite Schneisen eingegraben, die sich zum Meer hin zu weiten Sumpfebenen verbreitern. Der südliche Teil Neuguineas besteht aus

mit Sumpf bedeckten Schwemmlandebenen, in denen es von Parasiten und Krankheitserregern, unter anderem Malariamücken, nur so wimmelt.

Aufgrund von Gebirgshebungen hat sich der Inselsockel im Westen leicht geneigt, so daß die Ebenen in Irian Jaya niedriger liegen als die im Osten. Zahlreiche im Zentralgebirge entspringende und viel Wasser führende Flüsse durchziehen in weiten Kurven das Land, so etwa Lorentz, Pulau, Digul, Kanuwe, Kikori, Aramia, Purari und vor allem der 1100 Kilometer lange Fly. Die flache und niedrige Küste wird durch breite Flußmündungen zerschnitten, in denen zeitweise überflutete Schwemminseln liegen.

Die Niederungen im Süden und die Schwemmlandebenen der großen Flüsse sind riesige Sumpfgebiete. Viele dieser für den Menschen schwer zugänglichen Gebiete beheimaten seltene Pflanzen.

◁ Die zentrale Bergkette Neuguineas wird immer wieder von Flußläufen zerschnitten. In Wasserfällen stürzen sie durch die mit tropischen Pflanzen bewachsenen Schluchten hinab ins Tal.

Ein äquatoriales Klima

Die Lage Neuguineas unmittelbar südlich des Äquators, etwa 150 Kilometer nordöstlich von Australien, hat zur Folge, daß auf der gesamten Insel ein Klima äquatorialen Typs, gekennzeichnet durch hohe Temperaturen – sie liegen im Mittel bei 28 Grad Celsius – und geringe Schwankungen im Jahresverlauf, vorherrscht.

Aufgrund ihrer Nähe zur tropischen Konvergenzzone erhält die Insel das ganze Jahr über Niederschläge von mehreren Meter Höhe. Von Dezember bis April bläst der Nordwestmonsun und bringt reichlich Regen. Von Mai bis November weht der Südostpassat und setzt die Insel marinen Einflüssen aus. Das Klima kann allerdings je nach Lage und Reliefhöhe stark variieren: Die Luvseiten erhalten so wesentlich höhere Niederschläge als die Leeseiten. Die Niederschlagsverteilung schwankt aus diesem Grund auch sehr stark und kann ein Verhältnis von eins zu vier erreichen, liegt also zwischen 1500 und 6000 Millimeter Regen im Jahr. Außer im australiennahen Südosten der Insel, der ein trockeneres Klima besitzt, erreicht der Niederschlag in den Küstengebieten und Sumpfebenen 2000 Millimeter im Jahr.

Oberhalb von 1500 Meter Höhe herrscht äquatoriales Gebirgsklima, das durch keine jahreszeitlich bedingten Temperaturschwankungen, wohl aber durch starke Unterschiede zwischen Tag- und Nachttemperatur gekennzeichnet ist, wobei die Temperaturen pro 100 Meter Höhe um etwa ein Grad absinken.

In Höhenlagen von 1500 bis 2500 Metern steigt das Quecksilber von morgens 13 auf nachmittags 18 Grad Celsius und fällt dann abends wieder. In den Hochgebirgsregionen oberhalb von 2500 Metern tritt häufig Nachtfrost auf, wobei allerdings einige windgeschützte Hochebenen im Inneren ein gemäßigtes Klima mit Temperaturen zwischen 10 und 15 Grad Celsius aufweisen. Oberhalb von 3000 Metern wird es kalt. Gipfel über 4500 Meter sind von ewigem Schnee und kleinen Gletschern bedeckt.

Die regelmäßigen und ergiebigen Regenfälle haben zu einem ausgedehnten Netz von Wasserläufen geführt, die sich vom Zentralgebirge aus, das die natürliche Wasserscheide ist, gleichmäßig auf beide Hangseiten verteilen. Wegen der großen Höhenunterschiede zwischen Gebirge und Küste sind die Flußläufe im Oberlauf reißend und wild und winden sich in den Ebenen in breiteren, langen und schlammigen Mäandern dahin.

Wälder, in denen zahllose Tiere leben

Fast ganz Neuguinea ist mit Wald bedeckt, doch lassen sich drei Vegetationszonen unterscheiden. In den Küstengebieten wachsen 36 verschiedene Mangrovenarten, darunter Bruguiera (Wurzelbaum) und Rhizophora (Manglebaum). Kokospalmen, Pandanus (Schraubenpalme) und Eisenholzbaum zeigen den Übergang zu sumpfigen Ebenen und Niederungen an. Diese sind bis zu einer Höhe von 1000 Metern mit dichtem immergrünem Regenwald bedeckt, der stellenweise hohen Grassavannen Platz macht. Die Artenvielfalt ist hier relativ groß. Sie umfaßt insbesondere die Sagopalme, deren Fruchtstände zu den Grundnahrungsmitteln der Eingeborenen zählen, und hochstämmige Bäume wie Eukalyptus, Melaleuca, Kaurifichte und Klinki.

◁◁ Hier an den Nordhängen des Jayawijava-Gebirges liegen die Dörfer verstreut mitten im Wald. Die Menschen wurden dadurch vor dem Kontakt mit der modernen Welt geschützt und konnten ihre Kultur bewahren.

Im regenärmeren Südosten findet sich häufig Grassavanne, die vorwiegend aus Kumai besteht und in der verstreut Albizia (Schirmakazie), Myristica (Muskatnußbaum) und Acacia (Schotendorn) wachsen. Zwischen 1000 und 3000 Metern tritt Bergregenwald auf. Er ist gekennzeichnet durch eine Pflanzengemeinschaft aus südlichen Nadelbäumen, Eichen und Buchen, die an Tasmanien oder Neuseeland erinnert. Das dichte Unterholz ist im allgemeinen in mehrere Etagen gegliedert und setzt sich aus Lianen, Farnen, Moosen, Epiphyten und mehr als 2770 Orchideenarten zusammen. Oberhalb von 3000 Meter Höhe beginnt auf den oft im Nebel liegenden Berghängen die Heimat der Rhododendren, die den Übergang zwischen kleinwüchsigem lichtem Wald (bis 3500 Meter) und den Hochgebirgsmatten (ab 3800 Meter) bilden.

Die Tierwelt Neuguineas ist sehr artenreich, was auf die Lage der Insel zwischen Asien und Australien zurückzuführen ist. Säugetiere gibt es allerdings nur wenige. Von den 200 auftretenden Arten sind 93 endemisch, das heißt, sie kommen nur hier vor. Zu ihnen zählen 41 Beuteltiere wie Ameisenigel und Kuskus sowie 52 Fledermausarten und Nager. Die Vogelwelt ist außerordentlich abwechslungsreich, sie umfaßt mehr als 860 Arten, darunter 300 endemische. Die bekanntesten sind 36 verschiedene prachtvolle Paradiesvögel mit ihrem bunten Federkleid und große Laufvögel wie der Kasuar, die den Gebrauch ihrer Flügel verlernt haben. Außerdem gibt es viele Papageien (42 Arten), Honigfresser (59 Arten), Laubenvögel, Gärtner, Adler und Eisvögel.

Die Reptilien sind mit über 100 Schlangenarten, über 200 verschiedenen Eidechsen, Krokodilen,

Wild gibt es hier wenig. Und doch liefert die Jagd die Nahrungsgrundlagen der Bevölkerungsgruppen, die in Irian Jaya, dem abgelegensten Teil der Welt, leben (beide Bilder).

Schildkröten und etwa 200 Lurcharten ebenfalls sehr gut vertreten. An Insekten gibt es in Neuguinea jede Menge. Ihre Anzahl wird auf 50 000 bis 100 000 Arten geschätzt. Von ihnen entfallen allein 5000 auf die in Sammlerkreisen äußerst begehrten farbenprächtigen Schmetterlinge.

Tausende von Stämmen wurden bis jetzt registriert sowie über 1000 Hauptsprachen, die ihrerseits in Dialekte und diese wiederum in lokale Mundarten unterteilt sind. Nicht umsonst hat man diese Region das «moderne Babylon» genannt. Somit ist es unmöglich, einen genauen Überblick

Die Papuas

Die Bezeichnung Papuas geht auf den Portugiesen De Meneze zurück, der Neuguinea angesichts der Haare der Ureinwohner «ilhas dos Papuas» nannte, abgeleitet vom malaiischen Wort «papuwah», was kraus bedeutet. Hinter diesem Begriff, der der Einfachheit halber auf alle Neuguineer angewendet wird, verbirgt sich allerdings eine bunt gemischte Bevölkerung, die aus unzähligen Volksgruppen besteht. Sie unterscheiden sich hinsichtlich sozialer Organisation, Sprache, Sitten und Gebräuchen.

über die ethnologischen Verhältnisse Neuguineas zu geben. Bestenfalls lassen sich einige ethnolinguistische Großräume unterscheiden, innerhalb derer eine gemeinsame «Kultur» besteht.

Ethnische Hauptgruppen sind in Irian Jaya die Biaki, Dani, Yali (oder Jale), Kapauku, Ngalum, Enarotali und die Asmat; in Papua-Neuguinea die Abelam, Washkuk, Iatmul, Maring, Hagen, Chimbu, Medlpa, Huli und die Mendi.

In allen Dorfgemeinschaften tauchen kulturelle Gemeinsamkeiten auf. Eine gesellschaftliche Hierarchie ist insofern kaum vorhanden, als die ver-

Eine der Wildwasserbrücken bei Tifalmin in der Victor Emanuel Range im westlichen Papua-Neuguinea.

schiedenen Häuptlinge bei Ratsversammlungen einander ebenbürtig sind. Manchmal wird ein «Oberhäuptling» ernannt, so zum Beispiel, wenn es darum geht, eine große Stammesgruppe bei einer Zeremonie oder bei Behörden zu vertreten.

Der Status des Häuptlings, sein Ansehen und seine Autorität sind mit Landbesitz und allem, was damit zusammenhängt – also Pflanzungen und Tiere (hauptsächlich Schweine werden gezüchtet) –, verknüpft. Die Grundbesitzrechte sind in mütterlicher und väterlicher Linie vererbbar, können aber auch durch Eheschließung oder sonstige Verbindung erworben werden.

Die kleinste Gesellschaftseinheit ist die engste, das heißt die auf direkte Vor- und Nachfahren reduzierte Familie. Jede Familie gehört zu einem Clan, die Gesamtheit der Clans bildet einen Stamm, dessen Mitglieder sich alle von gemeinsamen mythologischen Ahnen ableiten und die alle in einem eng umgrenzten Territorium siedeln. Die Gemeinschaften sind oft klein, meist zählen sie weniger als 500 Menschen. Die großen Stammesverbände, wie die Dani in Irian Jaya oder die Medlpa in Papua-Neuguinea, umfassen allerdings 250 000 beziehungsweise 100 000 Mitglieder.

Es besteht eine strikte Trennung zwischen Männern und Frauen; jede Gruppe erledigt besondere Aufgaben des täglichen Lebens: Die Männer bewirtschaften und bepflanzen die Gärten und Felder, die Frauen ernten die Erträge, beide Geschlechter vollziehen ihre eigenen Zeremonien, von denen das jeweils andere ausgeschlossen ist. So ist zum Beispiel den Frauen der Zutritt zu den «großen Männerhäusern» streng verboten. Zu diesen haben nur die initiierten Männer Zugang.

Die Tauschzeremonien zwischen den Clans und Stämmen gehen auf uralte Traditionen zurück. Ziel ist die Schaffung eines neutralen Bezirks, in dem die durch rituellen Geschenkeaustausch verwandten Stämme nicht mehr gegeneinander kämpfen können. Der Tauschhandel mit Erzeugnissen aus eigener Landwirtschaft wie Knollenfrüchten, Bananen, Kokosnüssen, Schweinen und Hühnern ist weit verbreitet, auch wenn heutzutage die Konkurrenz moderner Waren wie Kleidung und Radios allmählich spürbar wird.

Die nun folgende Legende ist charakteristisch und kennzeichnend für die durch Kampf, Gewalt und Magie beherrschte Welt von Neuguinea. Sie gehört zur Überlieferung und Schöpfungsvorstellung der Iatmul, einer Volksgruppe, die im Mittleren Sepik zu Hause ist.

Die Männer der Bergstämme – hier ein Jale (links) und zwei Kurelu (rechts) – tragen einen Penis-Köcher. Jeder Volksstamm hat seine eigene Bezeichnung dafür. Alle kennen sie aber den Oberbegriff «koteka».

Die Welt, wie wir sie heute kennen, brauchte nicht erst geschaffen zu werden. Sie existiert schon seit grauer Vorzeit. Sie ist ewig und unwandelbar. Der Himmel war oben, es gab Wind, und Wolken zogen über ihn dahin. Erde und Meer waren unten, und der Himmel ließ Regen auf sie fallen. Der Ozean wurde durch Ebbe und Flut bewegt. Nur die Erde war anders: Sie bestand nur aus bräunlichem, flüssigem Schlamm, der ständig und immer wieder zerfloß. Es gelang ihr nicht, die geringste feste Gestalt anzunehmen oder zu bewahren.

In der Vorzeit existierten noch keine sterblichen Lebewesen. Es herrschten die Urgötter, die Wagan, die sich oftmals zum gemeinsamen Gespräch und Betelkauen trafen. Unter ihnen gab es zwei Brüder, die unvergleichbaren Ruhm genossen, denn sie waren den anderen Göttern an Kraft und Magie überlegen. Sobald eine Entscheidung gefällt werden mußte oder eine neue Idee gefragt war, wurden sie gerufen. Sie hießen Kava'mbuangga und Wolindambwi.

Obwohl sie Brüder waren, ähnelten sie einander kaum. Der erste war friedlich und verbrachte seine Zeit damit, Matten und Körbe zu flechten. Der zweite war kriegerisch und stellte furchtbare Waffen her. Kava'mbuangga, der friedliche, hatte jedoch einen großen Vorteil: Er war der Herr über die unsichtbare Welt. Zuweilen teilte er deren Geheimnisse mit seinem streitbaren Bruder. Auch konnten beide ohne Schwierigkeiten von der sichtbaren in die unsichtbare Welt wechseln und sogar gleichzeitig in beiden auftreten. Der Tod existierte nur virtuell, in latentem Zustand, und es war beschlossen, daß der Tod sich nicht zeigen dürfe, solange kein Wagan ihn zu jemandem gerufen hatte.

Eines Tages, als Kava'mbuangga sich wieder einmal in der Kunst der Zauberei und Magie übte, brachte er durch Zufall zwei neue Wesen hervor. Das eine flog hinauf in den Himmel, das andere sprang ins Wasser hinein. Ohne es zu wollen, hatte er somit den ersten Vogel und den ersten Fisch erschaffen. Er beschloß, sein Schöpfungswerk fortzusetzen. Er erfand alles, was in der Luft und im Wasser lebt. Zum Schluß nahm er sich der Erde an. Er setzte einen Fuß in den flüssigen Schlamm, der daraufhin sofort hart wurde. Wasser trat aus ihm hervor und bildete Ströme und Flüsse. Fester Boden konnte sich nun formen. Berge erhoben sich über den Ebenen. Dieses Land mußte er nun ebenfalls mit Lebewesen bevölkern – wie er es zuvor schon für Himmel und Meer getan hatte. Kava'mbuangga begann deshalb sein Betel auf den Boden zu spucken. Mit dem Fuß zerrieb er sorgfältig den roten Auswurf, einen nach dem anderen. Und jedesmal, wenn der Wagan den Fuß wieder hob, entstand ein neues Geschöpf in seinem Fußabdruck.

Die Arbeit Kava'mbuanggas nahm sehr lange Zeit in Anspruch. Als er endlich damit fertig war, betrachtete er sein Werk. Alles, was auf Erden existiert – Pflanzen, Tiere und Menschen –, war nun entstanden. Er hauchte ihnen Leben ein und gab ihnen gleichzeitig die Fähigkeit, sich zu vermehren. Er stellte fest, daß sich Pflanzen und Tiere sehr viel schneller vermehrten als die Menschen. Und weil er gerecht war, begrenzte er das Leben der ersten beiden Arten, indem er den Tod für sie rief. Er meinte, jeder habe das Recht zu leben. Pflanzen und Tiere müßten bei Erreichen des vorgesehenen Zeitpunkts sterben und in die Erde eingehen. Sie sollten Platz für die eigenen Nachkommen schaffen und vor allem die Menschheit nicht ersticken.

Die Wagans lehrten die verschiedenen Lebewesen auf Erden, sich so gut wie möglich an ihre Umgebung anzupassen. Sie schmückten die Vögel in den Baumwipfeln mit schillernden Farben – dort waren sie ja schwer zu erreichen. Sie zeigten den Schlangen, sich im Gebüsch zu verstecken. Sie gaben dem Wildschwein scharfe Hauer und dem verfrorenen Kuskus seinen wärmenden Pelz.

Kava'mbuangga und Wolindambwi kümmerten sich besonders um die Menschen. Der erste gab ihnen Intelligenz und die Fähigkeit zur Landwirtschaft. Der zweite schenkte ihnen Aggressivität und Kampfeslust.

Kava'mbuangga zeigte ihnen, wie man Dörfer baut. Er riet ihnen ebenfalls, die zur Zeit ihrer Menstruation unreinen Frauen von den initiierten Männern zu trennen. Die Männer sollten gemeinsam im Haus der Krieger leben. Der Wagan

DIE LEGENDE VON KAVA'M-BUANGGA

gestattete ihnen, zu ihm zu sprechen. Zu diesem Zweck übergab er ihnen heilige Trommeln und Flöten, durch die sie Verbindung zu den Geistern aufnehmen konnten. Er befahl, diese Dinge im Haus der Krieger aufzubewahren. Unter Androhung des Todes war es keiner Frau gestattet, dieses Haus zu betreten. Als nun alle Männer bereits eingetreten waren, erschien Wolindambwi. Er war erbost, daß man ihn an diesem Beschluß nicht beteiligt hatte. Voll Zorn steckte er das rituelle Haus in Brand und vernichtete seine Bewohner. Dadurch hatte er sie mit dem Tod belegt.

Als Wolindambwi sich wieder beruhigt hatte, bat er seinen Bruder um Verzeihung und baute ein neues Haus. Der Tod aber wollte seine Opfer nicht mehr herausgeben. Die Seelen der Verbrannten forderten ihr Recht und klagten, sie hätten ein anderes Schicksal als die immer noch unsterblichen Frauen. Um die Gleichheit zwischen den Menschen wiederherzustellen, gewährte Kava'mbuangga den Frauen als Ausgleich für den Verzicht auf die Unsterblichkeit mehr magische Kräfte als ihren Gefährten. Seit dieser Zeit entgeht kein menschliches Wesen dem Tod, und die Frauen besitzen stärkere magische Kräfte als die Männer.

Aber der Wagan wollte nicht, daß die Menschen denselben Gesetzen unterworfen seien wie die anderen Geschöpfe und endgültig in die Erde eingingen. Also ließ er sie nach dem Tod in der unsichtbaren Welt leben, deren Herrscher er war. So entstanden die Gespenster, die ins tägliche Leben der Menschen eingreifen. Manche haben gute Absichten; sie sind die Vorfahren der Clans und helfen den Lebenden. Andere sind voll böser Absichten und setzen den Menschen böse zu; sie schicken Krankheit und Unglück über sie. Um sein Werk zu vollenden, spuckte Kava'mbuangga noch zweimal aus. Er zerrieb die Betelflecken mit dem Fuß. Aus dem ersten entstiegen die Kargwa (Hexer), die Vermittler zwischen sichtbarer und unsichtbarer Welt. Aus dem zweiten entstanden die Windjimbu (Baumgeister), die Hüter der Wälder. Von da an konnte sich die Menschheit entwickeln und Besitz von der Erde ergreifen, auf der nun das Spiel von Magie und Natur gespielt wird.

Am weiten Strand der Arafurasee, nicht weit von der Dolak-Halbinsel, übt sich ein Asmat-Krieger im Bogenschießen.

Irian Jaya bildet die Westhälfte der Insel Neuguinea. Das Land hat eine Fläche von 395 000 Quadratkilometern. Verschiedene vorgelagerte Inseln wie die Schouten-Inseln Biak und Yapen, Waigeo, Misool, die Kai-Inseln, die Tanimbar- und Aru-Inseln mit insgesamt 27 000 Quadratkilometern gehören ebenfalls zum Gebiet der Provinz, die heute ein Teil von Indonesien ist.

Begegnung zwischen Papuas und Weißen

Selbst die neuesten und genauesten geographischen Karten von Irian Jaya weisen «weiße Flekken» auf, also relativ unbekannte Gebiete, die noch ohne Kontakt mit jeglicher Form von westlicher Kultur und Zivilisation sind. Es handelt sich um die am wenigsten erforschten Landstriche der Erde. Vermutlich leben dort immer noch kleine Stämme, die noch nie einen Weißen zu Gesicht bekommen haben.

Irian Jaya mit seiner Hauptstadt Jayapura gehört seit dem Jahr 1963 zur Republik Indonesien. Die Insel Neuguinea wurde schon ab dem 16. Jahrhundert von portugiesischen Seefahrern, im darauffolgenden Jahrhundert von den Holländern Schouten, Le Maire und Carstenszoon erkundet. 1848 annektierte Holland von der Welt weitgehend unbeachtet die Westhälfte der Insel und verjagte das kleine englische Kontor, das sich dort einige Jahre zuvor niedergelassen hatte. Die Kontakte mit den wenigen einheimischen Küstenbewohnern waren allerdings äußerst begrenzt, da die Eingeborenen beim Anblick der Weißen sofort flüchteten.

Auch später zog Irian Jaya – bis etwa zur Mitte des 19. Jahrhunderts – nur wenige Forscher an. Die ganze Region war mit undurchdringlichen Wäldern und Dschungel bedeckt und galt wegen seiner bekanntermaßen kriegerischen Einwohner als verteufeltes Land. Ab 1840 trafen dann einige Wissenschaftler und vor allem – angelockt von den reichlich vorhandenen Edelholzwäldern und Kopra – holländische, britische und deutsche Händler ein. Die Beziehungen zu den Ureinwohnern, die durch den Bedarf an Arbeitskräften unerläßlich wurden, waren stets von Brutalität gekennzeichnet. Ohne den geringsten Skrupel töteten die Europäer die Papuas, die für sie keine Menschen waren, oder versklavten sie.

Sämtliche Stammesgruppen Irian Jayas waren durch endlose Kriege untereinander verfeindet; Kannibalismus und Kopfjagd gehörten zu den üblichen Gepflogenheiten. Ihre handwerklichen Fähigkeiten waren wenig entwickelt, die Papuas führten ein steinzeitliches Dasein. Mit den europäischen Kolonialmächten kamen sie relativ wenig in Berührung, denn die meisten Ureinwohner lebten im Schutz der unzugänglichen Wälder und Berge, was auch das außergewöhnlich starke Festhalten an lokale Traditionen erklärt. Nur Missionare drangen ins Landesinnere vor, ihre Bekehrungsversuche hatten allerdings nur sehr begrenzten Erfolg.

Die an den Küsten und in den Ebenen lebenden Stämme konnten der weißen Invasion jedoch keinen Widerstand leisten und wurden gnadenlos unterworfen. Diese Versklavung setzte sich bis ins 20. Jahrhundert fort, als die Holländer 1963 den Indonesiern Platz machen mußten. Dieser Umstand brachte für die einheimische Bevölkerung keine Änderung, denn seit dieser Zeit untersteht sie der Militärmacht Jakartas, die sich um Menschenrechte wenig schert.

IRIAN JAYA

Volksgruppen am Rand der Steinzeit

Die Besonderheit an Irian Jaya besteht darin, daß in den dichten Wäldern und hochgelegenen Bergländern äußerst primitive Stämme leben, deren Lebensumstände an die der Steinzeit denken lassen. Die Zahl dieser direkten Nachfahren der Urbevölkerung beläuft sich auf etwa 970 000, das sind 60 Prozent der 1 630 000 Provinzeinwohner. Stammeskriege sind, obwohl ihre Zahl inzwischen rückläufig ist, noch üblich. Das Baliem-Tal, die Angguruk- und Kono-Berge, die Asmat-Sümpfe und die Oksibil-Hochtäler waren früher Schauplätze ständiger, meist zeitlich begrenzter kurzer Kämpfe. Noch heute liegt dort unterschwellige Aggressivität in der Luft.

Die zumeist an den Jahreszeiten orientierten Waffenstillstandszeiten prägen das Leben der Eingeborenen. Die sozialen Gruppen sind klein und zählen weniger als 400 Menschen. Sie bestehen aus «Mini-Republiken», die ihren überlieferten Traditionen sehr verbunden und deren Mitglieder einander vollkommen gleichgestellt sind. Es gibt keinen Häuptling und kein durch Geburt erworbenes Vorrecht. Das gesellschaftliche System basiert auf einem aggressiven Individualismus, in dem der Krieger durch seine kämpferischen Fähigkeiten Ansehen und Macht, also Land und Schweine, erwirbt. Ehen, Verbindungen zwischen Clans, zeremonielle Tauschhandlungen, Jams- und Taro-Wettbewerbe, bei denen es darum geht, wer mit den größten Knollen aufwarten kann, machen die Bildung rivalisierender Gruppen möglich, die sich einem «Helden» unterwerfen,

Die Südhälfte Irian Jayas ist eine mit undurchdringlichen Wäldern bedeckte riesige Sumpfebene. Große Flüsse wälzen langsam ihre schlammigen Fluten Richtung Süden. Hier der Mappi.

der solange an ihrer Spitze steht, bis sein Ansehen schwindet, was meist nicht lange dauert. Diese Verhältnisse treffen vor allem auf die Bevölkerung im Landesinneren zu, die weiterhin nur wenig Beziehungen zur Außenwelt hat.

Die anderen, in sogenannten «modernen» Gebieten lebenden Menschen vor allem in den Küstenregionen haben einen wenig beneidenswerten Status, denn sie wurden durch Hunderttausende von Kolonisten, die die Regierung von Jakarta nach Irian schickte, regelrecht «aufgefressen». Allein in den letzten fünf Jahren ließen sich hier 750 000 vor allem aus Java stammende Indonesier nieder.

In der gesamten Provinz haben sich die großwirtschaftlichen Interessen der Holzindustrie, die häufig in japanischer Hand ist, und der Erdölförderung ebenso wie die hier tätigen Missionare des Islam und des Christentums gegen die der Stämme Neuguineas verbündet. Selbst noch im Jahr 1995 werden etliche Gruppen gewaltsam umgesiedelt und einige sogar ausgelöscht, ohne daß die internationale Völkergemeinschaft Notiz davon nimmt.

Angesichts einer Welt, die sie nicht verstehen und gegen die sie sich nicht zur Wehr setzen können, befinden sich die meisten Stämme inzwischen in einem Zustand der Lethargie und der Resignation. Der falsche Bekehrungseifer einiger Missionare hat in Irian Jaya ein im Pazifik nie gekanntes Ausmaß erreicht und setzt damit den Schlußstrich unter einzigartige primitive Kulturen. Da sie bisher kaum von dem betroffen waren, was um sie herum geschah – auch von den beiden Weltkriegen nicht, die Neuguinea berührten –, kannten die Bewohner Irians nie großangelegte Unabhängigkeitsbewegungen wie andere Teile Ozeaniens. Nur sporadische Aufstände beunruhigten seit 1965 den Osten der Provinz, allerdings ohne nennenswerte Erfolge, trotz der zeitweise vom Nachbarstaat Papua-Neuguinea gewährten Unterstützung.

1971 wurde eine revolutionäre Regierung gebildet – sie ging ins Exil nach Benin. Nach dem Erfolg der Separatistenorganisation Papua Merdeka im Jahr 1977 und der blutig endenden Gegenoffensive durch die indonesische Armee wurde 1980 der Friede geschlossen. Seitdem sehen die meisten Papuas auf Irian Jaya passiv zu, wie andere ihre Zukunft bestimmen. Es dürfte allerdings schwierig sein, von Menschen, die sozusagen gerade die Steinzeit hinter sich gelassen haben, zu verlangen, den Sprung ins 20. Jahrhundert zu wagen.

Die von Generation zu Generation überlieferten Techniken haben sich seit der Steinzeit nicht verändert: So werden die langen Einbäume mit Hilfe von Bootshaken und nicht mit Paddeln fortbewegt (oben).

Magische Galionsfiguren, die in den Bug geschnitzt werden, sollen die Bootsinsassen beschützen (unten).

Als Zeichen der Trauer um einen Mann ihrer Familie müssen sich die Frauen die Fingerglieder abschneiden. Nur der Daumen bleibt verschont, denn er ist heilig (oben).

Süßkartoffeln werden gegart, indem sie auf glühende Steine gelegt und mit Gras bedeckt werden (unten).

Frauen vom Stamm der Ekagi schöpfen Wasser aus einem schlammigen toten Flußarm. Er gehört zu einem im Sudirman-Gebirge entspringenden Fluß.

Zu Schmuck werden neben Muscheln und Kuskuspelz auch Kasuar- und Kakadufedern verarbeitet (oben). Durch ein Loch in der Nasenscheidewand werden Vogelschwanzfedern oder große, aus einer weißen Muschel geschnitzte Nasenpflöcke gesteckt (unten).

Adoptionszeremonie bei den Asmat von Baintambor: Die Gemeinschaft wird einige Mitglieder der Nachbarethnie der Tjitajak an Kindes Statt annehmen.

*Der größte Teil Neuguineas ist von Dschungel bedeckt.
Die Hitze und die hohe Luftfeuchtigkeit lassen hier eine
dichte tropische Vegetation gedeihen.*

Seit 1975 ist Papua-Neuguinea ein unabhängiger Staat und Mitglied des British Commonwealth. Seine Hauptstadt ist Port Moresby, seine Hoheitsgewässer umfassen 3 210 000 Quadratkilometer. Die Landmasse entspricht einer Fläche von etwa 462 000 Quadratkilometern, wobei 58 000 auf verschiedene Inselgruppen entfallen, von denen Bismarck-, Louisiade- und nördlicher Salomon-Archipel die wichtigsten sind. Kulturell und ethnologisch gehören sie zu Melanesien; deshalb werden sie in dem entsprechenden Teil dieses Buches behandelt.

Ein Land der Gewalt

Im Jahr 1512 betrat der Portugiese António de Abreu als erster Europäer die große Insel Neuguinea. Ihm folgten später spanische Seefahrer nach, darunter Iñigo Ortez de Retes, der sich beim Anblick der schwarzhäutigen Eingeborenen an Afrikaner erinnert fühlte und beschloß, dieses Land Neuguinea zu nennen.

Ein Spielball der Großmächte

Zu Beginn des 16. Jahrhunderts interessierte sich in Madrid niemand für Neuguinea. Diesen Umstand nutzten die Holländer, um sich den Westteil der Insel einzuverleiben, während Briten und Australier sich im Osten niederließen.

Um Konflikte zwischen den beiden europäischen Mächten zu vermeiden, wurde 1828 eine etwas willkürliche Grenze zwischen Papua-Neuguinea und seinem westlichen Nachbarn, dem heute zu Indonesien gehörenden, damals jedoch unter holländischer Kontrolle stehenden Irian Jaya, gezogen. Wenig später begannen auch andere Europäer, vor allem Deutsche, sich im Ostteil der Insel niederzulassen. Engländer und Australier einerseits, Deutsche andererseits annektierten in der Folgezeit kleinere Gebiete. Im letzten Drittel des 19. Jahrhunderts nahmen die deutschen Ansprüche auf den Nordteil Papua-Neuguineas immer festere Gestalt an, insbesondere durch die Niederlassung der mächtigen Firma Hansemann im Jahr 1873. Die Australier in Queensland waren besorgt über diese Entwicklung. So starteten sie 1883 eine großangelegte Propaganda- und Emigrationsaktion mit dem Ziel, so viel Land wie möglich zu besetzen, um den deutschen Ansprüchen entgegenzutreten. Unter dem Druck der deutschen Regierung distanzierte sich London von diesen Bestrebungen, stellte aber gleichzeitig den Südteil des Landes unter britisches Protektorat.

PAPUA-NEUGUINEA

Deutschland reagierte sehr rasch, nahm mehrere Inselgruppen wie den Bismarck-Archipel in Besitz und stellte sie ebenso wie die Ostküste unter ihr Protektorat. Die deutsch-britische Rivalität nahm gefährliche Züge an. Nachdem die beiden gegnerischen Mächte jedoch gemeinsam die Rechte Hollands an der Westhälfte Neuguineas anerkannt hatten, unterzeichneten sie im folgenden Jahr ein Abkommen. Darin wurden die deutschen Rechte am Bismarck-Archipel und an der Nordhälfte der Insel, die fortan Kaiser-Wilhelms-Land hieß, und die britisch-australischen Rechte an der Südhälfte anerkannt. 1888 wurde dieses Protektorat unter dem Namen «Territory of Papua» britische Kolonie und 1906 Teil des Australischen Bundes. Zu Beginn des Ersten Weltkriegs nutzten die Australier die deutschen Verwicklungen in Europa aus und landeten im nördlichen Neuguinea, das ihnen 1921 vom Völkerbund als Treuhandgebiet übergeben wurde.

Doch auch das nun vereinigte Gebiet fand keinen Frieden. 1942 besetzten die Japaner den Großteil der östlichen Inselgruppen und der Nordküste. In den Jahren 1944 und 1945 war die Insel außerdem Schauplatz großer Schlachten zu ihrer Rückeroberung durch die Alliierten. Nachdem der Völkerbund das australische Mandat über die ehemaligen deutschen Besitzungen bestätigt hatte, wurden die beiden Teile des Landes zu einem einzigen Staat zusammengefaßt, der 1949 den Namen Papua-Neuguinea erhielt.

Auge um Auge, Zahn um Zahn

Papua-Neuguinea ist ein von Gewalttätigkeit geprägtes Land – dies gilt für die Straßen von Port Moresby als auch für die dunklen Wälder des Landesinneren. Seit Menschengedenken und solange die mündliche Überlieferung zurückreicht, war Krieg um Besitz von Land, Frauen oder Schweinen Bestandteil des Alltags. Für die Männer ist es eine heilige Ehre, am Kampf zur Verteidigung des Clans oder Stammes teilzunehmen. In «zivilisierten» Gegenden trugen der Einfluß der Weißen und die Anstrengungen der verschiedenen lokalen Regierungen dazu bei, den rituellen Krieg zu beenden. Aber der kleinste Vorfall zwischen einzelnen Stämmen wächst sich vor allem in weit abgelegenen Dörfern zu blutigen Konflikten aus. Im Grunde genommen können diese Auseinandersetzungen auch nicht aufhören, denn die Stammesregel schreibt vor, ein erlittenes Unrecht durch Blutrache zu sühnen. Diese Tradition ist unter dem Pidgin-Begriff *pay-back* (Wiedergutmachung) bekannt. Der Friede ist nicht mehr

Die Huli aus dem Tari-Gebiet im südwestlichen Bergland trägt einen Kopfputz, der aus Haaren seiner Frau gefertigt ist. Um seine Frisur nachts nicht zu ruinieren, schläft er auf einer Nackenstütze aus Holz.

Kleiner Weiler im Jimmi-Hochtal an den Ausläufern der Bismarck Range.

als eine mehr oder weniger lange Pause zwischen zwei Kämpfen. Als relativ bestes Mittel zur Kanalisierung der Gewalt erwies sich ein System, das die Australier erfanden, als sie das Land verwalteten. Es gelang ihnen, die Häuptlinge der größten Stammesverbände im Hauptunruhegebiet (ein weiter Raum von Laiagam und Wabag bis Bayer, Hagen und Minj) dazu zu bringen, Blut durch Wertgegenstände wie seltene Vogelfedern, Muscheln, Schweine, heiligen Jams oder Geld zu ersetzen. Seit den dreißiger Jahren fand diese materielle Wiedergutmachung fast überall im Land Anwendung. Seither verhandeln die Feinde, um nach der gegenseitigen Ernennung von Abgesandten einen Ort zu finden, an dem das Payback-Ritual stattfinden kann. Am festgesetzten Tag erscheint, angeführt von seinem *big man* (Zeremonienmeister), jeder Clan in seinem besten Staat, um sich mit seinem Gegner in großen Wettbewerben, den sogenannten *sing sing*, *moka* oder *tee*, zu messen. Nach langen Wortgefechten, Scheinkämpfen und -paraden werden die Teilnehmer von einer Jury bewertet, die sich aus den im Einvernehmen ernannten Chefs zusammensetzt. Die so erstellte Rangfolge ist ausschlaggebend für die Verteilung der Kompensationsgeschenke an jeden Clan. Die Ehre aller ist somit gerettet, und die Verlierer des einen Tages wissen, daß sie die Möglichkeit haben, sich friedlich zu revanchieren.

Dieses System hat die Konfrontationen zwischen den einzelnen Volksgruppen nicht vollständig ausgeräumt. Die letzte Auseinandersetzung von 1991 führte trotz des Eingreifens der Behörden zu viel Blutvergießen im Zentralgebirge. Die heutige Form des *pay-back* ist immerhin zu einer allgemein akzeptierten Gepflogenheit geworden. Jedes Jahr wird sogar in Hagen oder Goroka eine große Show für die ausländischen Touristen organisiert, die dort verzaubert und fasziniert einer Parade von Tausenden herrlich geschmückter Papuas zusehen.

Von den Bewohnern des Mittleren Sepik heißt es, sie hätten den elegantesten Schmuck im ganzen Norden. Die harmonische Anordnung von Muscheln, Pflanzen, Federn und Bemalungen bei dem Washkuk-Mann und der Hunstein-Frau scheint dies zu bestätigen.

Begehrte primitive Kunst

Mehr noch als Irian Jaya beeindruckt Papua-Neuguinea durch seine künstlerische Vielfalt. Die Künstler haben unterschiedliche Stilrichtungen geschaffen und bringen trotz des unvermeidlichen Qualitätsverlustes durch die fortschreitende Kommerzialisierung immer noch bemerkenswerte Werke hervor. Museen und Privatsammler der ganzen Welt streiten sich – zuweilen für viel Geld – um Gegenstände, deren ursprüngliche

Dorfbewohner der Malewai-Region kehren nach einer Zeremonie, bei der die bösen Geister in der Mitte des Sees ertränkt wurden, ans Ufer zurück.

Bestimmung nichts von solch einer Entwicklung ahnen ließ. Die neuguineische Kunst ist, wie die meiste andere primitive Kunst, kultisch und magisch verankert und war ursprünglich mit Bestattungsritualen verknüpft: Der Kontakt mit den verstorbenen Vorfahren, die Verbindung mit der unsichtbaren Welt, die Funktion als Glücks- oder Unglücksbringer für den Besitzer des Gegenstands waren nur einige der Hintergründe, die mit dem Fortschreiten der Zeit allmählich in Vergessenheit geraten.

In Papua-Neuguinea lassen sich drei Stilprovinzen unterscheiden. Am ausgeprägtesten ist der Stil im Gebiet des Mittleren und Unteren Sepik und im Huon-Golf-Gebiet. Die Kunstgegenstände des Sepik werden dementsprechend hochgeschätzt. Fachleute unterscheiden hier folgende Stile: Abelam, Iatmul, Korewori, Keram, Lagoon, Maprik, Mundugumor, Murik, Ramu, Tchambouli, Tshuosh und Washkuk. Zwar besitzen alle unterschiedliche Merkmale, doch ist ihnen – ungeachtet des gewählten Trägermaterials (dünne Votivstatuen, verzierte Rinden, Kopfstützen, Trommeln, Flöten und Masken) – ein Streben nach Ästhetik gemeinsam. Die Kompositionen aus kräftigen Farben (rot, gelb, weiß, blau, schwarz) und Muscheln, die das Grundthema bewußt «komplizieren», ziehen den Betrachter in ihren Bann; die gewollte Harmonie der runden, fließenden Linien fordert ihn heraus, Auge und Geist werden verzaubert. Die rituelle Funktion des Kunstwerks hat ihre ursprüngliche Bedeutung zugunsten formaler Ästhetik verloren.

Die Kunst des Huon-Golf-Gebiets ist ganz anderer Natur. Sie ist weit weniger ästhetisiert. Hier hat man sich auf Holzskulpturen und -masken spezialisiert, ihre Perfektion erreicht sie in stark stilisierten Darstellungen von Menschen, Vögeln oder Fischen. Die Eingeborenen sind Seefahrer, die auf Einbäume als Fortbewegungsmittel angewiesen sind. Es ist also nicht verwunderlich, daß die Galionsfiguren äußerst raffinierte Kunstwerke sind: Krokodile, Vögel oder Fische sollen die Schutzfunktion dieser Totemtiere auf die Insassen der Einbäume übertragen. Die menschlichen Gestalten, gedrungen und schwerfällig, sind oft stereotyp und nicht im entferntesten mit der Eleganz der Totemtiere zu vergleichen. Der zwischen den Schultern eingezogene Kopf, ein massiver Rumpf und halb abgewinkelte kurze Beine lassen sie schwerfällig und wenig anmutig aussehen. Aber sie sollen ja auch nicht verzaubern, sondern haben vornehmlich die Aufgabe, die Welt des Lebens mit der des Todes zu verbinden.

Gemaltes «Nggwalndu»-Fries an der Fassade eines «tambaran» (Geisterhaus) der Abelam in der Maprik-Region. Bevor die Häuptlinge des Clans eine wichtige Entscheidung fällen, wird dieses Abbild verstorbener Ahnen befragt.

Der Medizinmann eines Chimbu-Clans auf einem Ritual-Mast. Hier stimmt er einen traditionellen Gesang an, um das Dorf bedrohende böse Einflüsse abzuwenden.

▷▷ Der Tanz der berühmten «Schlamm-Männer» von Goroka. Diese Tradition stammt vermutlich aus dem Dorf Kiminiwi. Es heißt, die von Feinden belagerten und nahezu überwältigten Bewohner hätten sich wie Geister geschminkt, wodurch sie die Angreifer in Panik versetzten und in die Flucht schlugen.

Eine Frau aus einem Tipuka-Clan. Ihr Gesicht ist mit einer «Spinnenmaske» bedeckt. Die rote Farbe symbolisiert Fruchtbarkeit.

Zum «sing sing» – von den Medlpa des Hochlandes (hier nahe Banz) «moka» genannt – versammeln sich regelmäßig die Stämme eines Gebiets. Die Zeremonien, die dabei zwischen den meist traditionsgemäß verfeindeten Clans stattfinden, sichern den Frieden zwischen diesen kriegerischen Gemeinden.

Beim «sing sing» treten Krieger, hier die Kawalka, in prächtigen Paraden gegeneinander an. Sie rühmen die Kühnheit ihrer Clans und wetteifern um den schönsten Schmuck.

Die schwarze Bemalung der Männer soll den Feind erschrecken. Oft wird gleichzeitig der Bart mit Sagomehl weiß gefärbt – als Zeichen für die Weisheit der Männer.

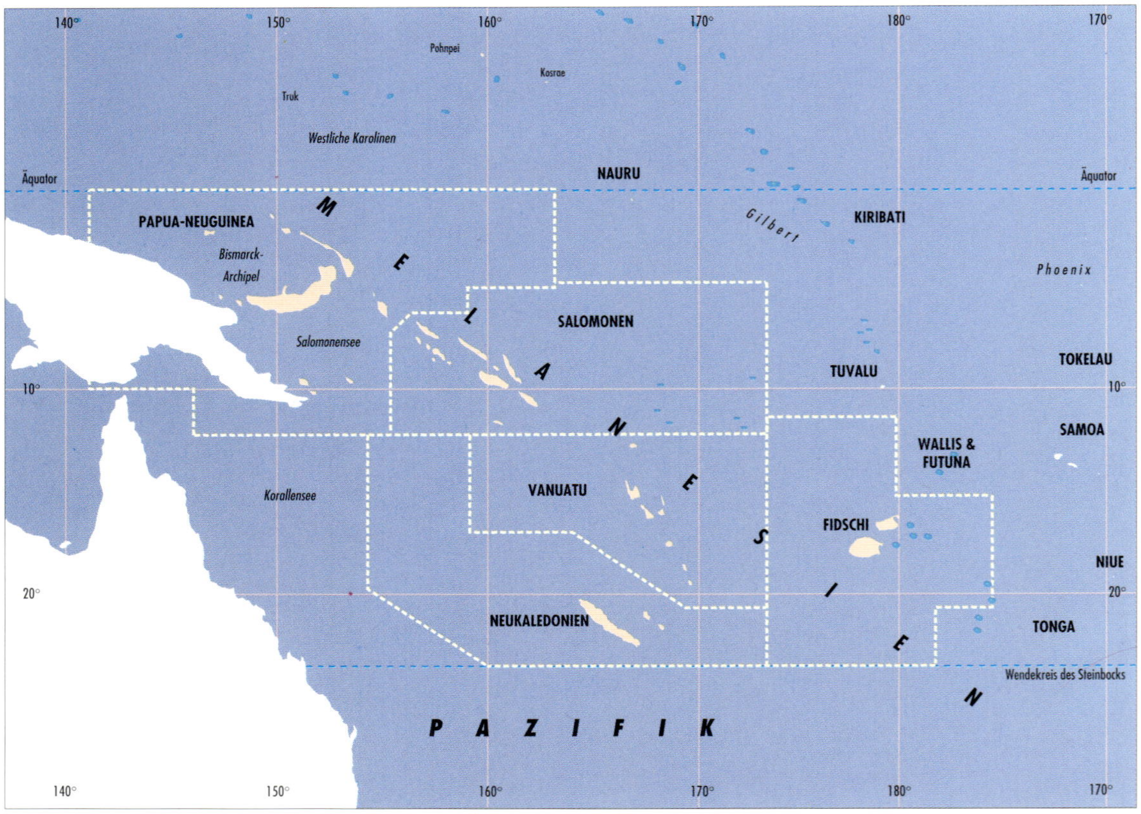

140°
150°
160°
170°
180°
170°
Pohnpei
Kosrae
Truk
Westliche Karolinen
Äquator
NAURU
Äquator
PAPUA-NEUGUINEA
Bismarck-
Archipel
Gilbert
KIRIBATI
Phoenix
SALOMONEN
Salomonensee
TUVALU
TOKELAU
10°
10°
SAMOA
WALLIS &
FUTUNA
VANUATU
Korallensee
FIDSCHI
NIUE
20°
20°
NEUKALEDONIEN
TONGA
Wendekreis des Steinbocks
M E L A N E S I E N
P A Z I F I K
140°
150°
160°
170°
180°
170°

MELANESIEN

Melanesien bedeutet «schwarze Inseln». Diese Bezeichnung – vom Griechischen «melas» für schwarz und «nesos» für Insel – geht auf die Hautfarbe der Einwohner zurück, die die Inseln im westlichen Pazifik südlich des Äquators bewohnen. Ihr Gebiet gliedert sich in vier Inselgruppen: die Salomonen, Vanuatu, die Fidschi-Inseln und das französische Überseeterritorium Neukaledonien.

Geographen fassen den Begriff Melanesien etwas weiter als die Ethnologen. Sie sprechen lieber vom melanesischen Raum, dem sogenannten Randozeanien, und stellen ihn dem eigentlichen Ozeanien gegenüber, das Mikronesien und Polynesien umfaßt. Innerhalb von Randozeanien lassen sich zwei Zonen unterscheiden: der innere und der äußere melanesische Gürtel. Ersterer umfaßt die zu Papua-Neuguinea gehörenden Louisiaden, Neukaledonien und Neuseeland, das kulturell zum polynesischen Raum zählt und deshalb im Kapitel über Polynesien behandelt wird. Der äußere melanesische Gürtel umfaßt den Bismarck-Archipel, die Salomonen, Vanuatu sowie die Fidschi- und Tonga-Inseln.

An den Rändern des Australischen Schildes

Man nimmt an, daß der innere melanesische Gürtel erst im Jura entstand, während der äußere melanesische Gürtel sich bereits am Ende der Kreidezeit bildete. Seine Entstehung geht ebenso wie die des Großteils Ozeaniens auf eine riesige Untiefe, die sogenannte Darwin-Falte, zurück, die sich ab dem Erdmittelalter über mehr als 40 Millionen Quadratkilometer im westlichen und zentralen Pazifik erstreckte.

Während des gesamten Erdmittelalters wurde die Darwin-Falte kontinuierlich angehoben, danach setzte eine Phase intensiver Vulkantätigkeit ein. Mächtige Scherbewegungen ließen Verwerfungen in der ozeanischen Platte entstehen, aus denen sich riesige Lavaströme ergossen. Das führte vor allem in Melanesien zur Entstehung zahlreicher ozeanischer Inselgruppen.

In der Erdneuzeit wurden die meisten dieser Inseln, um die sich häufig schon Atolle gebildet hatten, durch ein globales Absinken wieder vom Meer verschlungen. Spätere Hebungen und Überflutungen veränderten das Gesicht der melanesischen Archipele immer wieder grundlegend. Obwohl die meisten von ihnen eine ähnliche geologische Herkunft und Struktur haben, sind die aus dem Ozean ragenden Formationen doch sehr unterschiedlich in ihrem Aussehen, was es unmöglich macht, den Typus des melanesischen Archipels allgemein gültig zu definieren.

Tropisches und feuchtes Klima

Melanesien liegt in den inneren Tropen zwischen dem Äquator und dem Wendekreis des Steinbocks. Das Klima ist heiß und regenreich. Da von April bis November, während des südlichen Winters, der Südostpassat weht und von November bis April, während des südlichen Sommers, der Nordwestmonsun bläst, werden die Temperaturen etwas gemäßigt. Auf bergigen Inseln wie den Salomonen, Vanuatu und Neukaledonien ist die Niederschlagsmenge sehr hoch, wobei ein ausgeprägter Unterschied zwischen Luv- und Leelage besteht. Die vom Passat abgeschirmten Westseiten sind mit 2000 Millimeter Niederschlag im Jahr eher trocken. Die dem Wind zugewandten Ostseiten erhalten bis zu 7500 Millimeter Regen im Jahr, wobei im Osten Guadalcanals Maximalwerte von 10 000 Millimetern erreicht werden.

Die Vegetation ist ausgesprochen üppig. An den Küstenstreifen gedeihen hauptsächlich Mangrovenwälder, in denen vor allem Bruguiera, Eisenholzbäume (Casuarina), Pandanus, Sago- und Kokospalmen wachsen. Der Wald am Äquator besteht aus hohen Bäumen wie dem Kamerere, einem bis zu 40 Meter hohen Rieseneukalyptus, auf denen zahlreiche Epiphyten wachsen. Dort, wo der natürliche Bewuchs nicht mehr vorhanden ist, wird der Wald durch ein vorwiegend aus Bambus bestehendes Dickicht ersetzt.

In Höhenlagen zwischen 500 und 1000 Metern tauchen südliche Koniferen auf, die auf den hohen Inseln bis zu einer Höhe von 3000 Metern die vorherrschenden Baumarten bilden. Es treten auch immergrüne Eichen und Buchen sowie Baumfarne auf. An den Westhängen geht der lichte Wald in Grassavanne über, in der verstreut kleine Bäume wachsen. Oberhalb von 3000 Metern wird die Vegetation kleinwüchsig und von Rhododendren und Hochgebirgsmatten abgelöst.

Eine artenarme Tier- und Pflanzenwelt

Die Archipele Melanesiens weisen mit Ausnahme der großen westlichen Inseln eine relativ artenarme Flora und Fauna auf. Davon weniger stark betroffen sind die großen melanesischen Inseln, die nicht so weit vom asiatischen und australischen Festland entfernt liegen. Diese Nähe kommt

der Artenvielfalt in gewisser Weise zugute. Endemismus ist für die dort vorkommenden Tier- und Pflanzenarten charakteristisch, ein Phänomen, das sich durch die lange Isolation der Inseln über Millionen Jahre hinweg erklären läßt.

Nach dem Eintreffen von Menschen dauerte es nur wenige Jahrhunderte, bis das Ökosystem aus dem Gleichgewicht geriet. Vor Ankunft der Polynesier und später der Europäer wuchs hier keine Nutzpflanze wie Jams, Taro, Süßkartoffel, Banane und Brotfrucht, lebte hier kein höheres Säugetier wie Hund, Schwein und Ratte.

Die berühmte Expedition der «Bounty» im Jahr 1788 hatte die Suche nach dem Brotfruchtbaum (im Bild) zum Ziel.

Flora und Fauna der kleineren Inseln sind durch Artenarmut gekennzeichnet. Diese durch die größere Entfernung vom asiatischen und australischen Kontinent bedingte Armut nimmt nach Osten hin zu, zwischen den Arten auf den melanesischen Fidschi-Inseln und denen auf den polynesischen Tonga-Inseln besteht kein nennenswerter Unterschied.

tes Gefüge gesellschaftlicher Systeme, von denen eins so einmalig ist wie das andere. Es lassen sich allenfalls einige Grundzüge herausarbeiten, die eine gemeinsame Basis all dieser Gesellschaftssysteme darstellen.

Das erste Merkmal ist ihre geringe Größe: Im Gegensatz zu polynesischen Gesellschaften besteht bei den Melanesiern eine extreme Klein-

Eine Fülle von Kleinstgesellschaften

Auch wenn an den Küsten zahlreiche Fischer leben, so sind die Melanesier doch vor allem Bauern. Die ursprünglich hier ansässigen Jäger und Sammler, von denen noch einige Gruppen in Neuguinea leben, sind in Melanesien ganz verdrängt worden. Bestenfalls gibt es auf den Salomonen oder auf Vanuata noch einige Clans von Halbnomaden, die von Zeit zu Zeit das Land auf der Suche nach jagdbaren Tieren durchstreifen. Die traditionelle Gesellschaft basiert auf Landbesitz und dessen Bewirtschaftung. Aber dieses Grundmodell beschreibt lediglich ein kompliziertes

kammerung. Die Gemeinschaften übersteigen selten 1000 Menschen. Ein weiteres Kennzeichen ist die Tatsache, daß Verwandtschaftsbande, die in Ozeanien von Bedeutung sind, hier eine geringere Rolle spielen. Ausschlaggebend ist, wie lange Bodenrechte bestehen und wie der Besitzer sein Land genutzt hat. Wie in Neuguinea verleihen Jams- und Taro-Wettbewerbe dem Sieger gesellschaftliches Ansehen, das ihn an die Spitze des Clans oder des Dorfes erheben kann.

Alle Schöpfungsmythen gehen davon aus, daß die Welt von einem Schöpferhelden «in Gang gesetzt wurde». Die folgende, von den Banks-Inseln stammende Legende ist die Urform davon.

Das Herz der großen melanesischen Inseln, hier Viti Levu, ist mit undurchdringlichem tropischem Regenwald bewachsen, in dem hohe Bäume und Baumfarne vorherrschen.

Die Welt war ganz nackt. Wohl gab es ein unermeßlich weites Land, übersät mit riesigen Felsbrocken, ein großes Meer und einen alles überspannenden unendlichen Himmel. Aber alles war öde und leer. Es existierte kein Lebewesen – weder auf der Erde, noch in den Tiefen des Meeres oder in den Lüften. Die Welt glühte ständig unter dem gleißenden Licht der Sonne, die seit Urzeiten unbeweglich in der Himmelsmitte stand. Es gab keine Nacht, sondern nur ewigen Tag.

Nun kam aber der Augenblick, da durch die riesige Hitze ein großer schwarzer Felsblock namens Qat Goro (oder Iro Ul) krachend zerbarst. Den Trümmern entstieg ein Vui (Geist). Er hieß Qat. Er schaute sich um und sah die wüstenhaften Weiten. Unterdessen zersprangen weitere Felsen, denen jeweils ein Geist entstieg. Diese Urgeister verteilten sich sogleich in der Natur und begannen umherzuirren, ohne jemals Schlaf zu finden. Qat hingegen beobachtete weiterhin die unfruchtbare Welt, die ihn umgab. Als Erstgeborener war er der mächtigste Geist. Er beschloß, seine Kräfte zu nutzen und Lebewesen zu schaffen. Sie sollten die Welt bevölkern und verschönen.

Er begann Pflanzen und Bäume zu schaffen. Ihre Samen steckte er in die Erde. Er erfand die Algen. Die legte er ins Wasser. Dann formte er Tiere für Land, Luft und Wasser und setzte sie in ihr jeweiliges Element. Aber die Glut der im Zenit unbeweglich verharrenden Sonne trocknete alles, was er schuf, aus. Qat mußte ein Mittel finden, um seine Schöpfung zu schützen. Er wußte, daß auf einer fernen Insel ein alter Gott namens I Qong mit seiner Tochter Qong, der Nacht, lebte. Er wählte ein Schwein, Taro- und Jamswurzeln und band sie in seinem Einbaum fest. Er fuhr aufs Meer hinaus und nahm Kurs auf die von I Qong bewohnte Insel. Dort angekommen, bot er dem alten Gott im Tausch gegen seine Tochter Qong das Tier und die Pflanzen an. I Qong nahm das Angebot an. Qat brachte die Nacht in seinem Einbaum nach Hause. Dort versteckte er sie und ging, um mit der Sonne zu reden. Nach langem Palaver und mit Hilfe vieler Geschenke gelang es ihm, das Gestirn zu überzeugen. Die Zeit sollte in gleich lange Tage geteilt werden, und während der Hälfte eines jeden Tages sollte Qong, die Nacht, den Himmel bedecken. Seit dieser Übereinkunft teilen sich Sonne und Nacht abwechselnd den Himmel. Qat vervollständigte sein Werk und setzte die Zeit in Gang. Seitdem kehren die Jahreszeiten regelmäßig wieder, benetzt Regen die Erde, wehen Winde und bewegen Ebbe und Flut das Meer.

Die anderen Geister hatten den Taten Qats von weitem zugesehen. Sie neideten ihm seine Macht und seinen Erfindergeist. So kamen sie ohne Zögern herbeigeeilt, als er sie rief. Er lehrte sie, bei Einbruch der Nacht zu schlafen und einige Pflanzen- und Tierarten zu schaffen. Aber er war noch immer unzufrieden. Irgend etwas fehlte der neuen Welt: ein Herr, ein höheres Wesen, das sie zu ordnen vermochte.

So beschloß Qat, die Menschheit zu erschaffen. Er wählte einen schönen Baum mit dunkler Rinde und glattem Stamm. Daraus schnitzte er die Körper von drei Männern und drei Frauen. Nachdem er sie sorgfältig poliert hatte, setzte er sie im Schutz eines dichten Busches ab. Drei Tage später holte er die Figuren aus ihrem Versteck und stellte sie in zwei Reihen auf: Frauen vorne, Männer hinten. Nun rief er die Kräfte der Erde, des Himmels und des Wassers an und schlug die Trommel. Leben drang in die Gestalten ein. Dann tanzte er, und die Figuren begannen sich zu bewegen. Die ersten drei Menschenpaare waren geboren. Im Chor dankten sie dem Vui. Der war sehr stolz auf seine Geschöpfe.

Kurz darauf begann Qat, sie in die Geheimnisse der Natur einzuweihen. Er lehrte sie, Taro, Jams und Süßkartoffeln anzubauen. Er führte sie in die Kunst des Jagens und Fischens ein. Er zeigte ihnen, wie man Feuer macht und Nahrung kocht. Die ersten Menschen bekamen Kinder, die wiederum Kinder mit anderen Kindern hatten. Die Menschheit vermehrte sich und huldigte täglich ihrem Schöpfer.

Alle anderen Vui betrachteten das Werk Qats voll Bewunderung. Nur einer nicht: Marawa, der Spinnen-Geist. Er wurde vor Eifersucht verzehrt. Seine Macht war fast so groß wie die von Qat. Auch er wollte von den Menschen verehrt werden. Er hatte Qat bei der Schöpfung des ersten Paares aufmerksam beobachtet. Nun machte er die Gesten seines Gegners ganz genau

DIE LEGENDE VON QAT

nach. Aus einem dunklen Baum mit glattem Stamm schnitzte er einige Statuen, die er dann in einem Busch versteckte. Drei Tage später schlug er die Trommel und tanzte, um ihnen Leben einzuhauchen. Als er aber sah, wie sie sich zu regen begannen, fürchtete er, sie nicht beherrschen zu können und begrub sie in einem Loch, das er mit Blättern zudeckte. Eine Woche später plagte ihn sein Gewissen, und er grub sie wieder aus. Aber er hatte sie zu lang dort gelassen, denn sie waren schon halb verwest. Voll Scham über seinen Mißerfolg ging er in den Garten, den die Menschen des Qat bestellten, und verscharrte die Reste seiner Kreaturen. Taro- und Jamswurzeln nahmen nach und nach ihre faulende Materie auf.

Als die Menschen nun von ihrem Gemüse aßen, begann sich ihre Haut zu schälen. Nach einiger Zeit war sie völlig ausgewechselt. Diese Häutungen wiederholten sich in regelmäßigen Abständen. Und je öfter sich die Menschen häuteten, desto schlechter wurden sie. Sie waren eifersüchtig aufeinander und stritten. Bald begannen sie sich zu schlagen und einander schlimme Verletzungen zuzufügen. Schließlich spalteten sie sich in verfeindete Sippen auf, und es entstand Krieg um den Besitz von Land. Qat, der die Gewalttätigkeit seiner Geschöpfe nicht verstand, stand vor einem großen Problem. Da der Tod nicht existierte, wuchs die Zahl der Menschen ohne Unterlaß, während die Erdoberfläche immer gleich blieb. Qat beschloß, Mate, den Tod, zu Rate zu ziehen. Der schwarze Mate lebte in der unterirdischen Welt Panoï. Er hörte sich die Rede des Vui an und erklärte sich bereit, eines Nachts an die Erdoberfläche zu kommen. Die Menschen schliefen. Mate legte in jeden von ihnen ein Quentchen Tod, das mit der Zeit wachsen würde. Sobald es von einem menschlichen Wesen ganz Besitz ergriffen hätte, würde dieses ins Panoï-Land eingehen. Das Schicksal der Menschheit war somit besiegelt. Qat aber wollte nicht, daß von seiner Schöpfung nur der Mensch verschwinden müsse. Er beschloß, daß alles, was auf Erden, im Meer und im Himmel lebte, bis ans Ende der Zeit das gleiche Schicksal erleiden sollte. Von da an war durch den dummen Fehler Marawas jedes Lebewesen dazu verdammt, zu altern und zu sterben.

Ein Dorf auf der kleinen Insel Kaileuna, deren Bewohnern der Fischfang ein bescheidenes Auskommen sichert.

DIE PAPUA-ARCHIPELE

Unter der Bezeichnung Papua-Archipele werden zahlreiche melanesische Inseln zusammengefaßt, die in zwei große Gruppen untergliedert werden. Die nördliche Gruppe entspricht dem Bismarck-Archipel, die südliche Gruppe umfaßt die Milne-Bay-Provinz und den Louisiade-Archipel.

Alle diese Inseln gehören zwar politisch zu Papua-Neuguinea, geographisch und kulturell aber zu Melanesien. In geologischer Hinsicht unterscheidet sich der zum äußeren melanesischen Gürtel zählende Bismarck-Archipel von den anderen, strukturell Neuguinea zugerechneten Inselgruppen. Die Inseln Buka und Bougainville werden von Papua-Neuguinea aus verwaltet, gehören geologisch und kulturell gesehen aber zum Salomon-Archipel.

Ethnischer Wirrwarr auf Papua-Melanesien

Die auf den Papua-Inselgruppen lebende Bevölkerung beläuft sich auf etwa 470 000 Einwohner. Die Landfläche beträgt 62 000 Quadratkilometer, die des Meeres 1 350 000 Quadratkilometer, wobei die in einem eigenen Kapitel behandelten Inseln Buka und Bougainville nicht mitzählen.

Auf diesen Inselgruppen wohnen Volksstämme papuanischen und melanesischen Ursprungs, die zusammen etwa 98 Prozent der Bevölkerung stellen. Die restlichen zwei Prozent sind nichtmelanesische Ozeanier und Asiaten. Die ethnische Vermischung im Lauf der Jahrhunderte war so stark, daß es – ausgenommen einige Stellen in Neubritannien und Neuirland – nicht möglich ist, Papuas und Melanesier zu unterscheiden. Einige Anthropologen behaupten zwar, einen Unterschied zwischen den langköpfigen Menschen papuanischen Ursprungs und den breitköpfigen Melanesiern erkennen zu können. Aber ihr Ansatz ist weit davon entfernt, die breite Zustimmung der Wissenschaft zu finden, die sich derzeit damit begnügt, den «ethnischen Wirrwarr» als Status quo festzustellen. Es wird noch sehr viel Forschungsarbeit erfordern, bevor seine Hintergründe gelüftet werden können.

Die nördliche Inselgruppe

Die Gruppe der nördlichen Papua-Archipele umfaßt die Admiralitäts-Inseln (2100 Quadratkilometer), die Sankt-Matthias-Gruppe (900 Quadratkilometer) und den Bismarck-Archipel, also Lavongai, Neuhannover (2000 Quadratkilometer), Neubritannien (37 000 Quadratkilometer), Neuirland (9600 Quadratkilometer), die Duke-of-York-Insel (57 Quadratkilometer) sowie eine Vielzahl kleiner Koralleninseln wie zum Beispiel die Tabar-, Lihir-, Tanga- und die Feni-Inseln.

Die geologische Geschichte dieses Raumes ist mit der des äußeren melanesischen Gürtels eng verbunden. Die ältesten Gesteine, die aus dem Erdaltertum bis Erdmittelalter stammen, finden sich im Zentrum Neubritanniens. Tertiäre Sedimentformationen sowie quartäre Vulkangesteine treten an vielen Stellen zutage.

Die Admiralitätsinseln im Nordwesten bestehen aus der großen vulkanischen Insel Manus und mehreren kleinen Koralleninseln. Der Aufbau der Sankt-Matthias-Gruppe ist der Neuirlands sehr ähnlich. Die Duke-of-York-Gruppe besteht aus 13 kleinen Koralleninseln, die alle zwischen Neubritannien und Neuirland, zwei großen Inseln mit sehr abwechslungsreichen geologischen Strukturen, liegen.

Neubritannien besteht hauptsächlich aus Vulkangestein, das an vielen Stellen von Korallensedimenten überlagert ist. Auf der Insel herrscht auch heute noch starker Vulkanismus, immer wieder senkt sich der Boden. Auf Neuirland gibt es dagegen überhaupt keinen Vulkanismus. Hier ist das Eruptivgestein, bestehend aus Basalten, Trachyten und Andesiten, von mächtigen Lagen Sandstein und Kalk, die aus der Erdneuzeit stammen, überdeckt.

Beide Inseln sind sehr bergig. In Neubritannien erreichen zahlreiche Gipfel eine Höhe von mehr als 2000 Metern, wobei der Mount Sinewit mit 2438 Metern der höchste ist. Auf vielen Inseln der nördlichen Gruppe herrscht intensive seismische und vulkanische Tätigkeit, die sich in Vulkanen, Geysiren und Gasaustritt aus Vulkanspalten äußert. Diese Erscheinungen lassen sich mit der Lage der Inseln oberhalb der Bruchlinien, das heißt am Schnittpunkt der Verwerfungen mit der ozeanischen Platte, zurückführen.

Die Archipele wurden im 17. Jahrhundert entdeckt. Im Jahr 1616 kamen die Holländer Schouten und Le Maire auf die Manus-Insel (die späteren Admiralitätsinseln). 1690 nannte der Engländer Dampier die große südliche Insel Nova Britannia. 1767 gab Carteret, ebenfalls ein Engländer, den Inseln Neuirland, Neuhannover und den Admiralitätsinseln ihre Namen. Sämtliche papuanischen Archipele wurden mehr als 100 Jahre lang von Europäern aufgesucht, ohne daß sich hier jemand auf Dauer niederließ. Als sich schließlich die Briten und ab 1885 die Deutschen anschickten, sie aus wirtschaftlichen und militärischen Gründen zu kolonisieren, kam es zu heftigen

Das Gemeinschaftsgefühl ist überall sehr ausgeprägt. Am Bau der großen Zeremonialboote und am täglichen Fischfang nehmen alle Dorfbewohner teil (links und oben).

◁◁ In den meisten Papua-Archipelen wie hier auf den Lihir-Inseln arbeiten bei Eintreffen der Fischschwärme alle zusammen: Die jungen Burschen schlagen kräftig aufs Wasser und scheuchen die Fische ins offene Meer zurück, wo die Männer sie mit ihren Netzen erwarten.

Zusammenstößen mit den Ureinwohnern. Krankheit, Massaker und Deportierung dezimierten die einheimische Bevölkerung. Neuirland wurde zwischenzeitlich zu Neumecklenburg und Neubritannien zu Neupommern, bevor sie nach der Niederlage Deutschlands am Ende des Ersten Weltkriegs wieder ihren ursprünglichen Namen erhielten. Nachdem der Völkerbund die Inseln 1921 unter australisches Mandat gestellt hatte, kehrte ein relativer Frieden ein, und die Bevölkerungszahl konnte dank einer hohen Geburtenrate wieder ansteigen. Heute leben in diesem Raum ungefähr 375 000 Menschen, davon 256 000 in Neubritannien, 82 000 in Neuirland und 31 000 auf den Admiralitäts-Inseln.

Die Archipele der südlichen Gruppe

Die südlichen Papua-Archipele sind sehr viel kleiner und liegen weiter auseinander als die der nördlichen Gruppe. Zu ihnen gehört eine ganze Reihe in der Salomonensee gelegener Vulkan- und Koralleninseln, -inselchen und -riffen.

Die Provinz Milne-Bay umfaßt die Trobriand-Inseln oder Kiriwina (440 Quadratkilometer), die Woodlark-Insel oder Murua (900 Quadratkilometer), die D'Entrecasteaux-Inseln (3800 Quadratkilometer) mit Goodenough, Fergusson und Normanby, den Louisiade-Archipel (2200 Quadratkilometer) mit etwa zehn Inseln wie Misima, Tagula und Yela und eine Vielzahl von Riffen.

Diese Inseln sowie ihre unzähligen vorgelagerten Eilande liegen auf der nicht sehr tiefen kontinentalen Plattform, auf der auch Neuguinea ruht. Dieses Plateau, auf das sich die letzten Bergausläufer der Huon-Halbinsel abstützen, setzt sich zwischen Salomonensee und Korallensee fort, wobei es sich immer mehr aufspaltet. Dies hat zur Folge, daß Inseln mit zwei unterschiedlichen Formen auftreten: vulkanische Inseln mittlerer Größe und kleine Koralleninseln. Erstere, vertreten durch die nahe an der Ostküste Neuguineas liegende D'Entrecasteaux-Gruppe, sind die südöstlichen Ausläufer der Owen-Stanley-Range auf Neuguinea. Es handelt sich um Inseln mit massigem, zerklüfteten Relief, auf denen mehrere Berggipfel eine Höhe von über 2000 Meter erreichen. Sie liegen in einer Zone mit starkem Vulkanismus. Ihr geologischer Aufbau ist der gleiche wie der der Berge, deren Ausläufer sie sind. Sie weisen eine Unmenge metamorpher Gesteine sowie Ergußgesteine auf. Die Inseln Trobriand, Woodlark und der Louisiade-Archipel hingegen sind flache und niedrige Koralleninseln.

In den Papua-Archipelen wird das Paddel für kürzere Strecken, zum Beispiel zum Fischfang (oben), benutzt. Das meist aus Pandanusblättern geflochtene Segel ist bei sehr weiten Reisen unentbehrlich (unten).

Der Oberhäuptling von Omakarana auf der Insel Kiriwina ist die höchstgestellte Persönlichkeit des Trobriand-Archipels. Die Größe seiner Jamshäuser belegt seinen gesellschaftlichen Rang.

Wegen ihrer wirtschaftlichen und strategischen Bedeutungslosigkeit wurden all diese Inseln erst relativ spät von den Europäern entdeckt: von Luis Vaez de Torres im Jahr 1606 über Antoine d'Entrecasteaux und Trobriand bis La Pérouse im Jahr 1787. Durch ihre Abgeschiedenheit konnten sie einer gewaltsamen Kolonisierung entgehen. Die ebenfalls erst spät eintreffenden Missionare nahmen hier etwas größere Rücksicht auf die Bräuche der Ureinwohner. Wohl forderten auch hier europäische Infektionskrankheiten zahlreiche Opfer unter den Einheimischen, aber es gab keine Massaker oder Deportationen in großem

Stil. Die Bevölkerung, deren Zahl sich heute auf etwa 85 000 Menschen beläuft, mischte sich nicht oder nur sehr wenig mit anderen Völkern, sondern blieb relativ rein und ist in ihren Traditionen stark verhaftet.

Ein besonders bemerkenswerter Brauch ist die *kula*, eine Reihe von zeremoniellen Tauschhandlungen mit Halsketten aus rotem Muschelgeld und dekorierten Perlmuttarmreifen, die in einem kreisförmigen, die meisten südlichen Archipele einschließenden Meeresraum praktiziert wird. Das Tauschen der Waren ist dabei in keiner Weise kommerziell ausgerichtet, sondern dient dazu, lebenslange freundschaftliche Bindungen zu schaffen. So ermöglichte es dieser uralte Ritus, der auf großen reich geschmückten Kanus stattfindet, Konfrontationen zwischen den Inseln zu vermeiden, da sie durch das magische Band des Tauschhandels verbunden waren.

Die Knollen der Jamspflanze sind Gegenstand eines regelrechten Kultes, der zur Erntezeit (rechts) seinen Höhepunkt erreicht. Der Brauch will, daß der Bruder der Ehefrau das Jamshaus seines Schwagers füllt, der wiederum das gleiche für die Ehemänner seiner Schwestern tut (links).

Mehrere Gesellschaften der Papua-Archipele sind matriarchalisch organisiert. Dort haben die Frauen auch die Aufgabe, die – natürlich weiblichen – Totemfiguren des Stammes zu schnitzen.

◁ *Eine Frau von der Woodlark-Insel mit Perlmuttschmuck, der ihren sozialen Rang erkennen läßt (oben). Der Goodenough-Bewohner kaut – wie in Melanesien üblich – seine tägliche Betelration (unten).*

▷▷ *Eine seltene Zeremonie der Kiriwina-Bewohner. Die Männer eines Tabalu-Clans nehmen symbolisch das Dorf in Besitz, das nach der Jamsernte von den Frauen «verlassen» wurde.*

Das Leben in diesem kleinen Dorf auf Lavongai scheint unverändert zu sein.

▷ Die Frauen der westlichen Inseln haben eine Vorliebe für Gesichtstätowierungen.

◁ Der Pandanus ist ein wichtiger Baum für die Insulaner. Stamm und Wurzeln werden als Bau- oder Brennmaterial verwendet, die Blätter dienen zur Herstellung von Segeln.

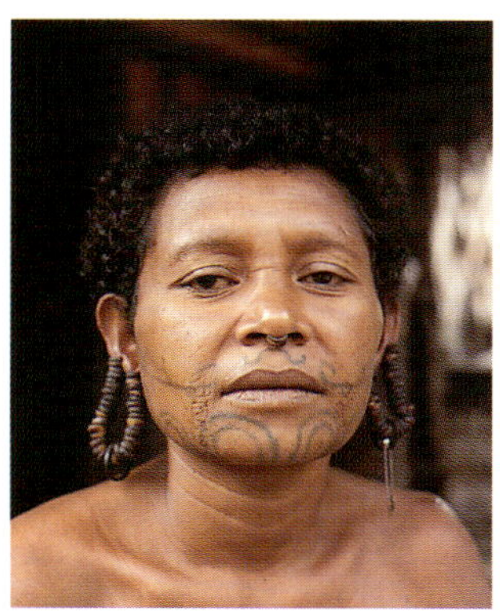

In der goldenen Abenddämmerung zeichnet sich die Silhouette der vier Nggela-Inseln ab. Sie liegen auf halbem Weg zwischen Guadalcanal und Malaita, den beiden größten Inseln der Salomonen.

Die Salomon- und die Vanuatu-Inseln sind sich sowohl landschaftlich als auch hinsichtlich der dort lebenden Menschen sehr ähnlich. Sie bilden de facto eine Aufeinanderfolge zweier gewaltiger unterseeischer, von hohen Inseln gekrönten Vulkanbögen. Die Völker beider Inselgruppen sind miteinander verwandt und ihre Kultur zeigt ebenfalls Parallelitäten. Aus diesem Grund schien es uns gegeben, sie im folgenden Kapitel gemeinsam zu behandeln.

Die Zwillings-Archipele

Der seit 1978 unabhängige Staat der Salomon-Inseln gehört zum British Commonwealth. Benannt wurden sie von ihrem Entdecker Alvaro de Mendana, der auf die Suche nach den legendären Inseln des Königs Salomon mit ihren riesigen Goldschätzen geschickt worden war und glaubte, hier am Ziel zu sein. Vanuatu, das früher nach der Inselgruppe vor der schottischen Westküste Neue Hebriden hieß, wurde 1980 in die Unabhängigkeit entlassen, nachdem es vorher von Großbritannien und Frankreich gemeinsam verwaltet worden war.

Die Salomonen umfassen bei einer Meeresfläche von 1340 000 Quadratkilometern eine Landmasse von 28 500 Quadratkilometern. Es gibt zwei Hauptgruppen: die eigentlichen Salomon-Inseln, wobei Buka und Bougainville von Papua-Neuguinea verwaltet werden, und die Santa-Cruz-Inseln, die mehrere hundert Kilometer östlich liegen und viele kleinere Inseln umfassen. Hinzu kommen noch weiter östlich gelegene Inseln und Archipele (Duff, Tikopia, Fataka, Cherry), Atolle (Ontong Java, Rennell, Sikaiana und Bellona) sowie unzählige Eilande und unbewohnte Riffe. Der eigentliche Salomon-Archipel besteht aus sechs Hauptinseln, Choiseul (oder Lauru), Santa Isabel, Malaita, San Cristobal, New Georgia, Guadalcanal mit der Hauptstadt Honiara, sowie etwa 20 mittelgroßen und sehr vielen kleinen Nebeninseln.

Von Buka und Bougainville (die geographisch dazu zählen) bis zu den Santa-Cruz-Inseln gehört der Archipel zum äußeren melanesischen Gürtel. Er stellt die höchsten Erhebungen der langen unterseeischen Gebirgskette dar, die entlang eines von Nordwest nach Südost ausgerichteten Bogens vom Bismarck-Archipel bis Vanuatu verläuft. Die Hauptgruppe erstreckt sich auf zwei beinahe parallelen Achsen, die an ihren Enden aufeinandertreffen. Choiseul, Santa Isabel und Malaita liegen auf der äußeren Linie. Bedingt

SALOMONEN UND VANUATU

durch die geringe Breite des unterseeischen Bergsockels, auf dem sie ruhen, ist ihre Form schmal und langgestreckt. Demgegenüber sind Bougainville, New Georgia, Guadalcanal und San Cristobal, die auf einem breiteren Sockel verankert sind, wesentlich breiter. Beinahe alle diese Inseln sind gebirgig mit zerklüfteten Hängen. Vulkane treten überall auf, entweder aktiv wie auf Bougainville mit den Vulkanen Bagana und Takuan oder nur unterirdisch wie auf den meisten anderen Inseln.

Sämtliche hohe Inseln sind von unzähligen gebirgsbildenden Bewegungen geprägt. Der Sockel aus Andesiten und Basalten wurde von Sedimenten bedeckt, die später gefaltet und aufgespalten wurden. Über dem Wasserspiegel gelegene und danach durch Erosion wieder versunkene Teile wurden erneut über die Meeresoberfläche herausgehoben, während andere auseinanderbrachen und für immer im Ozean verschwanden. Die aus Korallen gebildeten Sandatolle (Ontong Java) oder die herausgehobenen Atolle (Rennell) ruhen auf einem Vulkansockel aus Schiefer, der allmählich im Meer versank.

Vanuatu besteht aus 13 großen und ungefähr 30 kleinen Inseln sowie zahlreichen Eilanden und Riffen, die entlang zweier von Nordwest nach Südost verlaufender Achsen aufgereiht sind. Sie liegen zu beiden Seiten einer Reihe aktiver, teilweise unterseeischer Vulkane, die in ihrem Südteil aufeinandertreffen. Die gesamte Landmasse beträgt ungefähr 12 200 Quadratkilometer und verteilt sich über eine Meeresfläche von 680 000 Quadratkilometern.

Sechs der 13 Hauptinseln liegen auf dem inneren Bogen: Espiritu Santo (oder Santo), Malakula (oder Mallicolo), Vate (oder Efate) mit der Hauptstadt Port-Vila, Eromanga (oder Erromango), Tanna und Aneityum (oder Anatom). Die sieben anderen, Vanua Lava, Gaua (oder Santa Maria), Omba (oder Aoba), Maewo (oder Aurora), Pentecost (oder Raga), Ambrym und Epi bilden auf dem äußeren Bogen eine Linie.

Jede dieser gebirgigen Vulkaninseln besitzt gewaltige, mit Regenwald bedeckte Massive, in deren Hänge tiefe Täler eingeschnitten sind. Ein schmaler Küstenstreifen erstreckt sich am Fuß der Höhenzüge, hier wird zumeist Ackerbau betrieben. Breite Korallenriffe säumen die Küsten. Vulkantätigkeit kennzeichnet den gesamten Archipel, vor allem am Scheitelpunkt der beiden Halbkreise an den Shepherd-, Epi- und Lopevi-Inseln. Hier bebt oft die Erde, es kam sogar schon zu vulkanisch-tektonischen Naturkata-

Bei den Kwara'ae gelten sehr blonde Jungen (oben) als Nachfahren des großen weißen Hais, dem Gründer der ersten Clans. Zusammen mit ihren Altersgenossen beteiligen sie sich an der Herstellung der «Tafuliae», dem uralten Muschelgeld. Die Muscheln werden zunächst von den Kindern poliert (rechts oben) und dann gebrannt (rechts unten). Die Farbe bestimmt ihren Wert.

strophen. Traurige Berühmtheit erlangten die Vulkanausbrüche aus den Jahren 1350 und 1700, die viele Todesopfer forderten.

Vanuatu reiht sich in den riesigen unterseeischen Gebirgsbogen ein, über den es erst mit den Salomonen und im weiteren Verlauf mit dem Bismarck-Archipel verbunden ist. Die submarine Vulkankette, die Vanuatu entstehen ließ, bildete sich vermutlich auf einem kristallinen Sockel aus Diorit, Quarz und Granitgestein. Der äußere Bogen, der auf der Karte wie ein mächtiger Horst aussieht, wurde ebenfalls zu dieser Zeit angehoben. Dieser Vorgang dauert bis heute an. Die geologische Geschichte des inneren Bogens verlief ein wenig anders. Vom Oligozän bis zum Miozän lagerten sich dicke Sedimentschichten aus Tuffstein, Mergel und Kalkgestein ab, im Pliozän begannen erneut Vulkanausbrüche. Von da ab hoben sich die beiden Bögen unaufhörlich in mehreren Etappen. Der durch zahlreiche Spaltvorgänge auseinandergebrochene Sockel ließ die Vulkane entstehen. Manche blieben unter der Wasseroberfläche, andere hingegen tauchten aus dem Meer auf. Heute gibt es nur drei aktive Vulkane: den Benbow auf der Insel Ambrym, den Iahue auf Tanna und den im Ozean liegenden Lopevi, der in unregelmäßigen Zeitabständen immer wieder ausbricht.

Furchteinflößende Stämme

Auf den Archipelen der Salomonen und Vanuatu leben 342 000 beziehungsweise 157 000 Einwohner. 96 Prozent davon sind Melanesier, Mikronesier und Polynesier; Europäer und Asiaten machen die restlichen vier Prozent aus.
Lange Zeit hielt der furchteinflößende Ruf dieser Inseln Abenteurer und Missionare fern. In den Hauptstädten Europas kursierten die schrecklichsten Gerüchte über blutrünstige Kopfjäger oder

Menschenfresser, die diese geheimnisvollen und von undurchdringlichem Dschungel bewachsenen Gebiete bevölkern sollten.

In der Tat war die kriegerische und gewalttätige Haltung der Eingeborenen nicht nur ein Gerücht, denn Konfrontationen unter den hier lebenden Stämmen und zwischen den Bevölkerungen der einzelnen Inseln waren ständig an der Tagesordnung. Heute noch flößen die Kwaio auf Malaita oder die Mbotgote auf Malakula ihren Nachbarn große Furcht ein.

dem Franzosen Louis de Bougainville wiederentdeckt wurden, der die Weltöffentlichkeit durch seine entzückten Reiseberichte auf sie aufmerksam machte. Ein Echo auf diese Artikel ließ nicht auf sich warten. Die Salomonen und Vanuatu, das nacheinander Australia del Espiritu Santo von den Portugiesen, dann Große-Zykladen-Inseln von den Franzosen, schließlich Neue Hebriden von den Engländern getauft wurde, waren Schauplatz gewaltsamer Besetzungen. Missionare bekehrten die Menschen unter Zwang zum Chri-

Die Küstendörfer des Salomonen-Archipels, hier Lilisiana, sehen alle ähnlich aus: Die Pfahlbauten sind möglichst nah an den Strand gebaut (rechts).

Auf dem Meer und am Strand findet das tägliche Leben statt: Hier fischen die Insulaner (links oben) und spielen die Kinder (links unten).

Der Schock der Kolonisierung

Obwohl es keine genauen Angaben über die Einwohnerzahlen dieser beiden Archipele vor Ankunft der Europäer gibt, lebten damals schätzungsweise 600 000 Menschen auf den Salomonen und etwas weniger als 400 000 auf Vanuatu. Die Salomon-Inseln, auf denen Hernando Gallego, Mitglied der Expedition Mendanas, 1568 landete, und Vanuatu, das 1606 durch den portugiesischen Seefahrer Fernández de Quiros entdeckt wurde, wurden mehr als eineinhalb Jahrhunderte von der Welt vergessen. Die Inseln – auf Seekarten oft nur ungenügend gekennzeichnet – schienen weder in wirtschaftlicher noch strategischer Hinsicht für die europäischen Mächte interessant zu sein. Es dauerte bis zum Jahr 1768, bis sie von

stentum, während die Kolonisten, unterstützt von der Armee, Jagd auf die melanesischen Stämme machten. Die von Europa eingeschleppten Krankheiten dezimierten die Bevölkerung der Dörfer. Ganze Stämme wurden verschleppt, um als Arbeitskräfte in den Plantagen Australiens oder anderer Kolonien zu schuften.

Die Salomon-Insulaner verteidigten sich derart verbissen, daß die Europäer es sich zweimal überlegten, bevor sie das Landesinnere betraten, und die Eingeborenen im Schutz von Bergen und Dschungel leben ließen. Weniger günstig verlief die Kolonisierung auf Vanuatu: Hier kam es zu blutigen Auseinandersetzungen mit der Bevölkerung, die zwangsweise Verpflichtung von Arbeitskräften führte zu einer Dezimierung der Einheimischen um bis zu 80 Prozent.

Ende des 19. Jahrhundert war die melanesische Bevölkerung der Salomonen auf 100 000 und die Vanuatus auf weniger als 70 000 Menschen gesunken. Erst nach dem Zweiten Weltkrieg kehrte sich diese demographische Tendenz um und liegt nun bei einem Wachstum von rund 3,3 Prozent auf den Salomonen und 2,5 Prozent auf Vanuatu. Nach der Unabhängigkeit verstärkte sich dieser Trend noch, so daß sich die Behörden heute bereits fragen, ob die Inseln genug liefern können, um die Lebensgrundlage aller zu sichern.

Im Augenblick reichen die landwirtschaftlichen Erzeugnisse aus, um die Bevölkerung zu ernähren, aber für wie lange? Der Handel mit der Kokospalme und ihren Nebenprodukten – vor allem Kopra – stellt trotz gesunkener Nachfrage noch ein Viertel der landwirtschaftlichen Erträge dar, und der Fischfang bringt nicht unbeträchtliche Einkünfte. Auf dem ärmeren Vanuatu erbringen die von den Europäern eingeführten Kakao- und Kaffeepflanzungen sowie Viehzucht fast die Hälfte der Versorgungsgrundlagen des Landes.

Mehr als überall sonst in Melanesien haben die Kinder hier einen privilegierten Status. Ihnen zu Ehren werden regelmäßig Feste organisiert.

Auf vielen Inseln will es der «kastom», daß die Schädel der «großen Alten», das heißt der verstorbenen Hexer-Priester, an heiligen Stätten aufbewahrt werden.

In den traditionellen Dörfern der größeren Salomon-Inseln halten sich in den höher gelegenen Häusern die männlichen Jugendlichen auf, die initiiert werden sollen.

◁ Eine für die Provinz Makira charakteristische Hausfassade aus gefärbten und geflochtenen Palmwedeln.

▷ Die Küsten von New Georgia und Choiseul sind in zahlreiche kleine Buchten unterteilt, in denen Fischer in friedlicher Abgeschiedenheit leben.

Kastom

Kastom ist der Pidgin-Ausdruck für das englische Wort «custom», das «Brauch» bedeutet. Er bezeichnet die Gesamtheit der Bräuche und Kulthandlungen, die der melanesischen Gesellschaft auf den Salomonen und Vanuatu zugrunde liegen. Zwar weichen die soziale Organisation, das Häuptlingswesen, die Verwandtschaftsbeziehungen und auch die Riten von Insel zu Insel, manchmal auch auf der gleichen Insel, stark voneinander ab, die meisten Stämme weisen aber einheitlich eine stark hierarchische Gliederung auf und leben teilweise unbeeinflußt von der westlichen Zivilisation. Große Unterschiede gibt es auch hinsichtlich der Sprache, so werden zum Beispiel auf Vanuatu etwa hundert verschiedene Dialekte gesprochen.

Das traditionelle Leben in den Dörfern, wo noch 80 Prozent der Bevölkerung leben, wird von einer ganzen Reihe überkommener Regeln bestimmt. Sie werden für gut und unumstößlich gehalten, weil sie bereits von den Vorfahren praktiziert wurden, die heute zwar nicht mehr leben, aber dennoch aus dem Jenseits weiterhin ihre Sippen und ihre Nachkommen beschützen.

Da eine ständige Beziehung zwischen der Welt der Lebenden und der Toten besteht, ist *kastom* von Magie geprägt. Der Geist der Verstorbenen kann sich in Tieren oder Bäumen wieder verkörpern, und er kann nach komplizierten Riten angerufen werden, die lediglich Eingeweihten und Zauberern bekannt sind. Der Glaube an Geister, Menschenfresser und Hexerei, dem wir schon in Papua-Neuguinea begegnet sind, ist hier besonders verbreitet und sehr stark ausgeprägt. Die Gesellschaft wird demzufolge von zwei Männern beherrscht: zum einen vom Zauberer, der die Geheimnisse der unsichtbaren Welt kennt und mit den Toten Kontakt aufnehmen kann, und dem sogenannten «big man», der aus dem Rat der Familienoberhäupter berufen wird.

Bei all diesen kriegerischen Völkerschaften ist das Zusammengehörigkeitsgefühl innerhalb einer Sippe sehr ausgeprägt. Alle ihre Mitglieder sind *wantok* – so lautet die Pidgin-Version des englischen Wortes «one talk» –, das heißt, sie sprechen mit einer Zunge, eine sehr bildhafte Art, die zu jedem Zeitpunkt garantierte gegenseitige Unterstützung von Mitgliedern derselben Sippe auszudrücken. Diese Auffassung von Gemeinschaftssinn bringt oft ganze Dörfer dazu, bei einem Streit, den einer der ihren führt, für ihn Partei zu ergreifen und mit Nachbarn Krieg zu führen.

Im Landesinneren der großen bergigen Inseln (links) leben kriegerische Menschen, die jeden Kontakt mit der modernen Welt ablehnen. Einige berühmt-berüchtigte Volksgruppen wie die Kwaio aus Malaita, zu denen dieser mit einer Keule bewaffnete stolze Krieger gehört (oben), werden im ganzen Archipel gefürchtet.

Auf den Salomonen und auf Vanuatu gehen die Männer meist zu zweit auf die Jagd: nicht nur, um effektiver zu sein, sondern auch aus Sicherheitsgründen – für den Fall einer unliebsamen Begegnung.

Die Jagd mit Pfeil und Bogen (links) auf das im Wald nur spärlich vorhandene Wild dauert sehr lange. Die Jäger verbringen mehrere Tage fern von zu Hause und müssen auch in der Wildnis übernachten. Hier ein Bewohner von Bunlap, Pfingstinsel, der für die Nacht eine behelfsmäßige Hütte baut (rechts).

Wie viele seiner Landsleute ist auch dieser Fischer von Malakula daran gewöhnt, unbeweglich und lautlos darauf zu warten, daß sich ein Fisch seinen kleinen Netzen nähert.

Die Auswirkungen von Taifunen reichen weit über das Gebiet hinaus, in dem das Zentrum des Sturms lag. Hier Erromango auf Vanuatu im Jahr 1992, nachdem der Zyklon Val in 2000 Kilometer Entfernung die Samoa-Inseln erfaßt hatte!

Die Ostküste von Grande Terre zwischen Hienghene und Pouébo wird vom Bergmassiv des mit tropischem Regenwald bewachsenen Panié gesäumt, von dessen Höhen sich zahlreiche Wasserfälle in die Tiefe stürzen.

Das französische Überseeterritorium Neukaledonien mit der Hauptstadt Nouméa umfaßt eine Meeresfläche von 1 740 000 Quadratkilometern bei 19 000 Quadratkilometer Landmasse. Es besteht aus den Inseln Grande Terre, Ile des Pins, den Loyauté-Inseln (Ouvéa, Lifou und Maré), mehreren Archipelen (Chesterfield-, Belep-, Huon-, Surprise- und Walpole-Inseln) und zahlreichen unbewohnten Riffen.

Vollendete geologische Strukturen

Die Hauptinsel Grande Terre erstreckt sich über 400 Kilometer in Nord-Süd-Richtung, ihre Breite beträgt nur 42 Kilometer – aufgrund dieser Form wird sie oft mit einer Zigarre verglichen.

Die drittgrößte Insel im Südpazifik zeichnet sich durch eine abwechslungsreiche Landschaft aus: Der gewaltige Bergkomplex, der auf der gesamten Länge das Rückgrat der Insel bildet, flacht sich nach Südosten langsam ab. Im Nordwesten teilt er sich in zwei hochaufragende parallele Ketten, die das breite Diahot-Tal umschließen. Der in der westlichen Kette liegende Mont Panié erreicht eine Höhe von 1628 Metern. Die Küstenebenen sind im Westen relativ schmal und fehlen im Osten fast völlig. Vor der Küste umgibt ein beinahe vollkommen geschlossenes Korallenriff die Insel auf mehr als 1600 Kilometer Länge.

Im Südosten der Grande Terre erhebt sich die Ile des Pins aus dem Meer, deren Name von den großen Säulenpinien herrührt, die dort wachsen. Die Loyauté-Inseln liegen 150 Kilometer östlich von Grande Terre auf einer parallel zu dieser Insel verlaufenden Vulkankette. Obwohl sie in geologischer Hinsicht Grande Terre gleichen, sehen sie anders aus: Sie haben die Form von Atollen, wobei Lifou und Maré relativ hoch aufragen, hingegen auf Ouvéa der größte, schräg abfallende Teil des Atolls in der breiten Lagune verschwindet. Ihre asymmetrische Gestalt rührt daher, daß der Archipel sich im Pleistozän vor etwa einer Million Jahren nach Nordwesten absenkte. Alle anderen Atolle sind niedrige und flache Eilande, die sich um eine zentrale Lagune gliedern.

Vom geologischen Gesichtspunkt aus betrachtet, stellt Grande Terre für Fachleute eine Besonderheit dar. Zwei Punkte machen diese Insel zu einem einmaligen Fall im Pazifik: das Auftreten aller Gesteinsschichten vom Perm bis zur Erdneuzeit sowie die weltweit größten Vorkommen an Diaphorit, so daß in Minen, die das wirtschaftliche Rückgrat der Insel sind, das daraus entstehende Nickel abgebaut werden kann.

NEUKALEDONIEN

Dank klar gegliederter Gesteinsschichten ist die geologische Geschichte von Grande Terre gut bekannt. Während einer vom Erdaltertum bis Erdmittelalter dauernden ersten Phase lagerte sich Sedimentgestein ab. Nach Vulkanausbrüchen während des Jura vor etwa 140 Millionen Jahren entstand in einer gebirgsbildenden Phase ein erster unterseeischer Gebirgsbogen. Abwechselnde Ablagerungen von Sediment- und vulkanischen Gesteinen, gefolgt von einer langen Periode komplizierter Faltbewegungen, Spaltenbildungen, Erdrutschen, Senkungen und Absplitterungen, treten in der Erdneuzeit auf. Danach entstand ein zweiter Gebirgsbogen im Norden, dessen heutiges Relief in verschiedenen Senkungs- und Bruchphasen, die erst vor zwei Millionen Jahren abgeschlossen waren, herausgebildet wurde. Zu diesem Zeitpunkt begannen sich auch die Korallenriffe aufzubauen.

Niauli und Cagou

Neukaledonien ist für Naturforscher hochinteressant, da sie dort eine große Artenvielfalt vorfinden, von der 80 Prozent nur hier auftreten, also endemisch sind. Es gibt mehr als 2000 seltene Pflanzen, unter diesen finden sich die Säulenpinie oder Cooksche Araucaria, der *bouaro*, dessen Blätter die Kanaken kauen, der *koku*, dessen Holz für Schreinerarbeiten verwendet wird, der *dis* oder *dja*, aus dem die Hüttendächer angefertigt werden, der *heteropognon*, ein Dornengewächs, der *gaïc*, eine Akazie, deren Aussehen an den Olivenbaum erinnert, der Riesenkauri, der 50 Meter Höhe erreichen kann, und vor allem der *niauli*, der zum Wahrzeichen Neukaledoniens geworden ist.

Der *niauli*, mit wissenschaftlichem Namen Melaleuca leucodendron oder Melaleuca viridiflora, ist ein Baum, der in den neukaledonischen Wäldern unter 500 Höhenmetern stark verbreitet ist. Er gehört wie der Eukalyptus zur Familie der Myrtengewächse. Bei den Eingeborenen gilt der Baum als luftreinigend, die Blätter finden als Heilmittel Anwendung. Seine Heilkraft ist inzwischen auch in der westlichen Medizin anerkannt, denn seit 1880 wird aus der Destillation seiner Blätter die Essenz Gomerol (vom Namen des Gomen-Stammes abgeleitet) gewonnen, die zur Behandlung von Nasen- und Rachenerkrankungen benutzt wird. Eine andere positive Eigenschaft besteht darin, daß er bei Waldbränden nicht in Flammen aufgeht, sondern das Feuer schwarz, aber unbeschadet übersteht.

Ein prachtvolles Thunbergia-Exemplar. Diese Pflanze wurde aus Indien eingeführt und hat sich vortrefflich an die Bedingungen auf Grande Terre angepaßt.

Das Land westlich der zentralen Gebirgskette gehört den «Caldoches», den weißen Neukaledoniern. Hier wird vornehmlich extensive Viehwirtschaft betrieben.

Der wohlriechende «niauli», Wappenbaum Neukaledoniens, hat eine widerstandsfähige Rinde, die sogar gegen Feuer gefeit ist.

Die Tierwelt zeigt sich mit zwei Facetten: Landtiere und Vögel sind nur relativ spärlich vertreten, dafür existiert eine artenreiche marine Fauna. Außer dem Flughund gibt es auf den Inseln fast kein Säugetier, mit Ausnahme derer, die vom Menschen eingeführt wurden. Weniger als 100 Vogelarten lassen sich feststellen; nur 18 davon sind endemisch. Die bekannteste von ihnen ist der *cagou*, der ein Wahrzeichen des Landes und auf der Welt einzigartig ist. Er hat die Größe eines Hühnchens, besitzt graublaues Gefieder mit weißen und schwarzen Schwungfedern und stellt im Angriff seinen weißen Federkamm auf. Sein Schrei ähnelt dem Bellen eines Hundes. Er ist ein Laufvogel, der wie der neuseeländische Kiwi den Gebrauch seiner Flügel verlernte und sich nur hüpfend fortbewegen kann.

Die Kanaken

Die Kanaken besitzen gewisse Rassenmerkmale, die auf Verwandtschaft mit den australischen Ureinwohnern hinweisen. Heute gibt es ungefähr 78 000 Kanaken, das sind etwa 44 Prozent der Gesamtbevölkerung Neukaledoniens. Die restlichen Bewohner sind Weiße europäischer Herkunft, vor allem Franzosen, die 36 Prozent der Bevölkerung darstellen, sowie Polynesier mit 14 Prozent und Asiaten mit 6 Prozent.

Melanesier, denen man ihr Land raubte

Wegen seiner geographischen Randlage wurde Neukaledonien erst relativ spät von den Europäern entdeckt. Den Seefahrern folgten dabei wie überall im Pazifik Missionare, Abenteurer und Schmuggler nach. Unter ihnen taten sich ab Anfang des 19. Jahrhunderts Walfänger, Sandelholzhändler (Grande Terre besaß das wertvolle Sandelholz in Hülle und Fülle) sowie die «Beachcombers» hervor, die nach den in der chinesischen Medizin sehr gefragten Seegurken suchten. Die Zusammenstöße mit der ortsansässigen Bevölkerung wurden immer häufiger und arteten zu einer Reihe tödlicher Konflikte aus.

1853 beschloß Napoleon III., Neukaledonien zu annektieren, um dort eine Strafkolonie einzurichten. 1860 wurde es offiziell zur französischen Kolonie erklärt. Seeleute und Kolonisten, vor allem Viehzüchter, ließen sich in großer Zahl nieder, beraubten die Kanaken systematisch ihres Landes und töteten sie, wenn sie Widerstand leisteten. Enteignungen und Totschlag nahmen ein solches Ausmaß an, daß die bis dahin nur vereinzelt auftretenden Konflikte in einen allgemeinen

Auf einem selbstgebauten Floß überquert ein Kanake vom Stamm der Bondé den nach Regenfällen angeschwollenen Diahot.

Eine der zahlreichen Bauninias-Arten der Insel (links).

Der «cagou» ist ein in Neukaledonien heimischer Laufvogel. Wahrscheinlich gibt es nicht einmal mehr 2000 Exemplare seiner Art (rechts).

Aufstand mündeten, der das Land von 1878 bis 1880 in Aufruhr versetzte und blutig unterdrückt wurde. Ende des 19. Jahrhunderts verursachte die Entdeckung von Gold- und Kupferminen, danach von reichen Nickelvorkommen – Neukaledonien ist weltweit der drittgrößte Produzent – für einen zweiten Ansturm von Einwanderern. Die Kanaken wurden erneut aus ihren Gebieten verdrängt und viele getötet. Zu Beginn des 20. Jahrhunderts hatte sich ihre Zahl von ursprünglich 500 000 auf die Hälfte reduziert, erst nach dem Zweiten Weltkrieg kam es zu einem erneuten Bevölkerungsanstieg.

Die politischen Probleme zwischen den Kanaken, von denen viele die Unabhängigkeit wünschen, und Frankreich bestehen auch heute noch. Eine Volksbefragung soll 1998 darüber Aufschluß geben, ob Neukaledonien unabhängig werden oder Teil des französischen Mutterlandes bleiben soll. Bis dahin breiten sich die «Caldoches» (Neukaledonier europäischer Herkunft), die meist an der Westküste leben, auf ihren riesigen Besitzungen aus, während die Kanaken zusammengedrängt in den Bergen im Zentrum, an der Ostküste von Grande Terre sowie auf den umliegenden Inseln leben.

△ *Traditionelle, spitz zulaufende Rundhütte der Kanaken. Die Wände bestehen aus «Niauli-Haut» – so nennen die Einheimischen die Rinde des Baumes.*

Die Macht des Häuptlings

Die Gesellschaftsstruktur der Kanaken ist die am höchsten entwickelte in Melanesien. Grundlage ist der Stammesverband und das Land, das gemeinschaftlicher Besitz der gesamten Sippe ist. Alles, was auf diesem Territorium existiert und lebt, gehört zu diesem Stamm und unterliegt dem überlieferten Gesetz.

Die Führung übernehmen in diesem System Häuptlinge oder Sippenvorstände, die über ihren Herrschaftsbereich gebieten. Der Ältestenrat überträgt seine Machtbefugnisse an «niederrangige Häuptlinge», die wiederum einem «Oberhäuptling» zur Rechenschaft verpflichtet sind. Dieser stellt die Beziehung zwischen den Ahnen und der Welt der Lebenden her. In dieser Eigenschaft hat er das Recht, eine Rundhütte zu besitzen, die das neukaledonische Äquivalent zum «Männerhaus» auf Papua-Neuguinea darstellt. Kultgegenstände wie Flöten, Trommeln und geweihte Bildnisse, die ihm erlauben, Verbindung zu den Toten aufzunehmen, sind dort seiner Obhut unterstellt. Im allgemeinen sind es die «niederrangigen Häuptlinge», die die Kontakte zwischen der französischen Verwaltung und dem Stamm aufrechterhalten, da der «Oberhäuptling» mit der Pflege überlieferter Bräuche betraut ist.

△
Die Kunst Neukaledoniens besitzt nicht Kraft und Genius der melanesischen Skulpturen. Einigen Künstlern, wie diesem Bildhauer des Stammes der Gohapin, gelingt es jedoch, von der Tradition geprägte, originelle Kunstwerke zu schaffen (beide Bilder).

Auf Grande Terre finden sich erstaunliche steinerne Inschriften, deren Geheimnis noch nicht gelüftet ist. Einigen Fachleuten zufolge geben sie auf eine mysteriöse Kultur zurück, die zwischen dem zweiten und dem ersten Jahrtausend vor unserer Zeitrechnung ihren Höhepunkt erreichte (untere drei Bilder).

Die Gesellschaft ist stark patriarchalisch geprägt. Stirbt der Herr des Hauses, so beerben ihn die Männer seines Clans (oben).

Das Pferd wurde im 18. Jahrhundert von den Europäern eingeführt. Nachdem die Kanaken zuerst große Furcht vor diesem Tier hatten, ist es heute zum bevorzugten Transportmittel in den Bergen geworden (unten).

Lehrerinnen aus Nouvelle im berühmten «Missionarskleid»: Sie gönnen sich einige Momente der Ruhe zwischen den Unterrichtsstunden.

Die Mbengga-Insel und ihre vorgelagerten Eilande, gesehen von der Südküste von Viti Levu.

FIDSCHI

Die Republik Fidschi, die 1988 aus dem British Commonwealth ausgeschlossen wurde, nachdem nach einer Reihe von Militärputschen deren Anführer an die Macht gekommen war, liegt genau am Schnittpunkt zwischen Melanesien und Polynesien.

Ihre Landmasse beläuft sich auf 18 280 Quadratkilometer bei einer Meeresfläche von ungefähr 1 300 000 Quadratkilometern. Die Fidschi-Inseln liegen auf einem weiten, kreisförmigen, nach Süden offenen Bogen, zu ihnen gehören die beiden Hauptinseln Viti Levu mit 10 500 Quadratkilometer Fläche, auf der die Hauptstadt Suva liegt, und Vanua Levu mit 5540 Quadratkilometern, fünf Inseln mittlerer Größe (Taveuni, Koro, Ngau, Ovalau und Kandavu), mehr als 300 kleine Inseln, von denen nur ein Drittel bewohnt ist und die sich größtenteils auf die Archipele von Yasawa (östliche Gruppe) und die des Koro-Meeres, vor allem der Archipele der Lomaiviti-Inseln (zentrale Gruppe) und Lau (westliche Gruppe) verteilen, sowie eine Vielzahl winziger Eilande und Riffe.

Gebirgige Vulkaninseln

Die Hauptinseln, die im allgemeinen von Riffen umgeben sind, werden von hohen Bergstöcken geprägt. Das mittlere Höhenniveau liegt im Landesinneren bei annähernd 1000 Metern. Tiefe Täler sind in die Bergflanke eingeschnitten, Flüsse transportieren Geröll und Erde vom Landesinneren zur Küste, wo sich kleine Sedimentebenen bildeten. Die mittelgroßen Inseln der zentralen Gruppe sehen fast ähnlich aus. Die Gipfel übersteigen jedoch nie 600 Meter Höhe. Bei den kleinen Inseln handelt es sich überwiegend um Atolle, die kaum über den Meeresspiegel hinausragen.

Die Fidschi-Inseln liegen auf derselben unterseeischen Kontinentalplatte wie die Tonga-Inseln. Diese Erdkrustenplatte, die im Westen der großen Tiefseegräben von Tonga (–10 633 Meter) und Kermadec (–9476 Meter) liegt und deren nördliche Spitze die Insel Rotuma bildet, bricht im Westen am Yasawa-Graben, der eine Tiefe von –4963 Metern hat, ab.

Obwohl die Fidschi-Inseln im wesentlichen vulkanischen Ursprungs sind, gehören sie strukturell zum äußeren melanesischen Gürtel. Dort findet sich nämlich der gleiche Aufbau wieder: Ein im Tertiär, vor etwa 40 Millionen Jahren entstandener Sockel wurde später von vulkanischem Gestein überdeckt. Wie auf den anderen Archipelen des äußeren melanesischen Gürtels zeugen das Aussehen der Küsten und das Fehlen von Kalkgestein, das sich nur über dem Wasserspiegel bilden kann, von zahlreichen Überflutungsphasen, denen die Blöcke der Kontinentalplatte ausgesetzt waren.

Ein besonderes Land

Die Fidschi-Archipele wurden 1643 von dem Holländer Abel Tasman als erstem Europäer gesichtet und gerieten dann wie viele andere Gebiete Ozeaniens in Vergessenheit.

Ab dem auslaufenden 18. bis zum 19. Jahrhundert wurden sie von den Engländern, danach von den Russen, den Franzosen und schließlich den Amerikanern erforscht. Die Inseln besaßen als kostbar geltende Sandelholzvorkommen, und der fruchtbare Boden gestattete den Anbau von Zuckerrohr. Die dazu benötigten Arbeitskräfte wurden aus Indien eingeführt, da die einheimische Bevölkerung durch Infektionskrankheiten dezimiert war. Die überlebenden Fidschianer wurden versklavt. Es dauerte bis 1874 – die Inseln waren britische Kolonie geworden –, bis ihnen ihre Grundrechte zuerkannt wurden. 1970 wurden die Fidschi-Inseln ein unabhängiger Staat innerhalb des Commonwealth, der durch ein Zweikammersystem regiert wurde.

Schon die ersten Entdecker hatten in ihre Berichte die Zugehörigkeit der Fidschianer zum melanesischen Bevölkerungstyp verzeichnet, obwohl in der Kultur der polynesische Einfluß stark war. Den Fidschi-Inseln kommt sowohl in geschichtlicher als auch in ethnischer Hinsicht eine zentrale Position zu: Hier treffen Melanesien und Polynesien aufeinander.

Das melanesisch-polynesische Volk

Seit der frühesten Besiedelung, die etwa mit der Entstehung des Christentums zusammenfiel, vermischten sich Polynesier und Melanesier ständig miteinander. Die ersten polynesischen Bewohner wurden von melanesischen Ankömmlingen verjagt, zahlreiche Gruppen blieben jedoch auf ihrem Land und paßten sich den Eindringlingen an. Später führten häufige militärische Feldzüge oder regelmäßiger Handelsverkehr zu einer Durchmischung der polynesischen und melanesischen Völkerschaften. Die Melanesier, die seit dem 2. nachchristlichen Jahrhundert auf den Fidschi-Inseln weit in der Überzahl waren, waren auch kulturell tonangebend im Land. Polynesische Zuwanderung, vor allem auf den östlichen Inseln, ließ im Lauf der Jahrhunderte jedoch nie

nach. Die Mehrheit der Lau-Insulaner sind heute polynesischen Ursprungs. Manche auf polynesischen Einfluß verweisende Faktoren, gleich ob im genetischen oder kulturellen Bereich, werden allerdings innerhalb der melanesischen Völkerschaften der Fidschi-Inseln deutlich sichtbar. Im allgemeinen ist ihre Gesichtsfarbe heller als die der anderen melanesischen Völker; ihr hoher Wuchs und ihr kräftiger Knochenbau erinnern an Polynesier. Ihre Legenden haben eine logische und komplexe Struktur, die bei den Melanesiern nicht üblich ist, dagegen aber in Polynesien und Mikronesien auftaucht. Schließlich legt auch die Struktur ihrer Gesellschaftssysteme die Einordnung zwischen Melanesien und Polynesien nahe.

Bedrohte melanesische Identität

Es gibt heute nur noch etwa 740 000 Fidschianer. Die Melanesier, die das Land im 18. Jahrhundert zur Zeit der Kolonisierung durch die Europäer zu 90 Prozent bevölkerten, stellen heute jedoch weniger als die Hälfte der Bevölkerung, nämlich genau 46 Prozent. Wie auch anderswo, reduzierten die aus Europa eingeschleppten Krankheiten, erzwungene Christianisierung und kolonialer Machtmißbrauch die Zahl der Eingeborenen drastisch. Zu Beginn des 20. Jahrhunderts und nach der schrecklichen Grippe-Epidemie von 1919 gab es nur noch 87 000 Melanesier – bei Ankunft der Weißen waren es schätzungsweise noch mindestens 200 000. Während auf den anderen ozeanischen Archipelen die moderne Medizin zu einem erneuten Anstieg der Geburtenrate bei den Eingeborenen führte, sahen sich die Fidschi-Inseln von Unmengen neuer, von den Kolonialmächten angesiedelter Einwanderer überrollt. Es handelte sich um Inder, die vor allem in den großen Zuckerrohrplantagen die nicht ausreichenden Arbeitskräfte vor Ort ergänzen sollten. Diese Kontraktarbeiter erhielten das Recht, sich im Land niederzulassen, wenn sie nach einer Vertragsdauer von zweimal fünf Jahren nicht zurückkehren wollten. Der Zuwanderungsstrom hat sich seitdem nicht verlangsamt. Von 60 000 am Anfang dieses Jahrhunderts stieg die Zahl der Inder auf heute 360 000, dies ist die Hälfte der Bevölkerung; die restlichen fünf Prozent bestehen aus kleinen Gruppen ozeanischer und asiatischer Minderheiten.

Die Inder sind arbeitsame, unternehmerisch denkende Menschen; in ihrem Denken sind imperialistische Strukturen stark verwurzelt. Sie leben in den Küsten- und Handelsgebieten, bemächtigten sich allmählich aller wirtschaftlichen Schalthebel des Landes und schufen eine Gesellschaft auf hinduistischer und islamischer Grundlage, die die melanesische Kultur zur Seite drängte. Die mehr passiven Melanesier mußten sich ins Landesinnere zurückziehen.

1970 erlangte Fidschi die Unabhängigkeit, nachdem es 96 Jahre lang britische Kolonie gewesen war. 17 Jahre wurde das Land dann durch ein Zweikammersystem regiert und war Mitglied des Commonwealth. Als Folge der Wahlen von 1987, die eine pro-indische oder zumindest

In den fischreichen Gewässern der Fidschi-Inseln wimmelt es von Papageifischen, lachsartigen Fischen und Langusten (beide Bilder).

tolerante Regierung an die Macht brachte, griff die pro-melanesische Seite gegen die indische Gemeinschaft zu den Waffen. Es kam zu einer Reihe von Militärputschen, deren Anführer auch an die Macht kam. Der Bürgerkrieg endete 1988, isolierte die Fidschianer jedoch auf dem internationalen Parkett und zwang sie, das British Commonwealth zu verlassen. Die diplomatischen Beziehungen zu Indien wurden im Jahr 1990 sogar abgebrochen.

Seitdem wird von der Regierung eine gezielt pro-melanesische Politik betrieben, die schon viele Inder, und zwar gerade die qualifiziertesten, aus dem Land getrieben hat.

◁◁ Die Katamarane des Lau-Archipels sind für ihre Zuverlässigkeit bekannt. Man erkennt sie an dem rötlichen Rumpf und den aus Fasern geflochtenen Segeln. Seit über tausend Jahren verkehren sie in den Fidschi-Gewässern.

Fischer aus Lakemba fahren aufs offene Meer hinaus. Dort bleiben sie mehrere Tage lang, bis sie genug gefangen haben.

Im Inneren von Viti Levu erstreckt sich das Hochplateau von Nandrau. Es wird von stark verwitterten, über 1000 Meter hohen Bergen eingerahmt.

Dorfbewohnerinnen von Mbutha auf Vanua Levu weben Wandbehänge.

Das Dorf Navala im Zentralgebirge von Viti Levu ist das größte fidschianische Dorf im Landesinneren (oben).

Seine Bewohner legen letzte Hand an das Haus des Häuptlings (unten).

In den Flüssen der großen Inseln lebt ein hochgeschätzter weißer Fisch. Die ganze Dorfgemeinschaft ist beim gemeinsamen Fischfang auf den Beinen (beide Bilder).

Die Kriegertradition ist in der Seele der Fidschianer fest verankert und geht auf die Zeit zurück, als ihre Feldzüge im ganzen umliegenden Archipel Schrecken verbreiteten. Feste bieten die Gelegenheit, an die Heldentaten der Ahnen zu erinnern und die männliche Kraft zu preisen (oben und rechts).

Die traditionellen Kleider bestehen aus «tapa», einem Stoff aus Baumrinde.

Jede Zeremonie beginnt mit der Zubereitung und dem anschließenden Genuß des «kawa», einem gegorenen und leicht narkotisierenden Getränk aus den Wurzelstöcken einer wilden Pfefferpflanze.

Das Gehen über glühende Steine ist eine Spezialität der Mbengga-Insulaner. Einige von ihnen geben an der Südküste Viti Levus eine Vorstellung, hier in Pacific Harbour (beide Bilder).

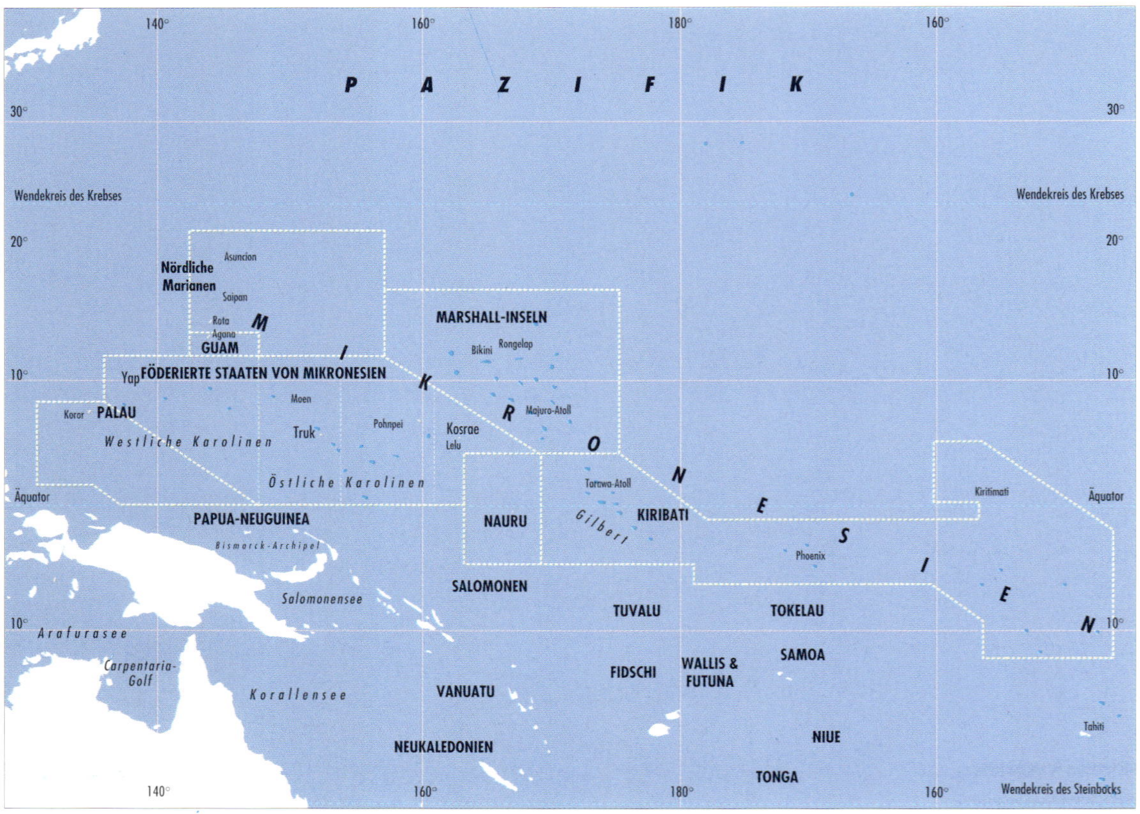
P A Z I F I K
MIKRONESIEN
Wendekreis des Krebses
Nördliche Marianen
Asuncion
Saipan
Rota
Agana
GUAM
MARSHALL-INSELN
Bikini
Rongelap
Majuro-Atoll
Yap
FÖDERIERTE STAATEN VON MIKRONESIEN
Koror
PALAU
Moen
Truk
Pohnpei
Kosrae
Lelu
Westliche Karolinen
Östliche Karolinen
Tarawa-Atoll
KIRIBATI
Gilbert
Kiritimati
Äquator
PAPUA-NEUGUINEA
Bismarck-Archipel
NAURU
Phoenix
Salomonensee
SALOMONEN
TUVALU
TOKELAU
Arafurasee
Carpentaria-Golf
SAMOA
WALLIS & FUTUNA
FIDSCHI
VANUATU
Korallensee
NIUE
Tahiti
NEUKALEDONIEN
TONGA
Wendekreis des Steinbocks

MIKRONESIEN

Mikronesien – «Kleininselwelt» – trägt seinen Namen aufgrund seiner winzigen Archipele. Einer Landfläche von 2000 Quadratkilometern steht eine Meeresoberfläche von acht Millionen gegenüber. Die Inseln der Region liegen im Westpazifik nördlich des Äquators und bilden sieben politische Einheiten. Zwei sind unabhängige Staaten: Kiribati, das 1979 von Großbritannien, und Nauru, das 1968 von Australien unabhängig wurde. Zwei autonome Staaten sind mit den Vereinigten Staaten locker assoziiert: der Bundesstaat Mikronesien und die Republik der Marshall-Inseln. Die restlichen drei sind in freier Assoziierung mit den USA verbunden. Die Republik Palau ist heute das letzte amerikanische Treuhandgebiet im Pazifik. Die Nördlichen Marianen, die sich 1975 zum «Commonwealth of the Northern Mariana Islands» konstituierten, sind mit den Vereinigten Staaten assoziiert. Guam gehört zum Hoheitsgebiet der Vereinigten Staaten.

Die «Kleininselwelt»

Mikronesien gehört zum Zentralpazifik. Sein Untergrund ist von einem gewaltigen Netz unterseeischer Gebirgsketten überzogen, deren herausragende Gipfel – locker verteilt wie die Sterne der Milchstraße – die mikronesische Inselgruppe bilden. Nur einige, wie Banabu oder Nauru, treten als isolierte Reliefs zutage. Die geologischen Formationen sind in diesem gesamten Raum identisch. Immer wieder findet sich basaltisches Vulkangestein zusammen mit Korallengestein, dessen Entstehen zum Teil weit in die Erdgeschichte zurückreicht.

Je nach Dauer und Intensität des Verwitterungsprozesses zeigen die mikronesischen Inseln zwei Facetten, die oft nebeneinander auftreten. Als junge Inseln haben sie die Form mehr oder weniger zerklüfteter Gebirgsstöcke; wenn sie einen Alterungsprozeß durchlaufen haben, nehmen sie die Form breiter Tische oder Korallenatolle an.

Mikronesien ist gekennzeichnet durch heißes und feuchtes Klima, dessen Intensität nach Osten hin abnimmt. Die Temperatur sinkt selten unter 26 Grad Celsius, außer in den Bergen, wo es nachts bei Regen frisch sein kann. Die jährlichen Temperaturschwankungen sind sehr gering. Die relative Luftfeuchtigkeit ist mit 80 Prozent im Westen höher als im Osten, wo sie gemäßigt ist und bei 40 Prozent liegt. Das Jahresmittel der Niederschläge schwankt ebenfalls von Westen nach Osten, und zwar zwischen 4000 und 1800 Millimetern. Während des Winters toben gewaltige Wirbelstürme über Mikronesien. Sie entstehen am Rand der Marshall- und Karolinen-Inseln und verursachen regelmäßig beträchtliche Schäden.

Eine arme Pflanzen- und Tierwelt

Wie in ganz Ozeanien herrscht in Mikronesien eine auffällig geringe Vielfalt an Pflanzen- und Tierarten. Trotz einer üppigen Vegetation, die der Verbindung von Hitze mit Feuchtigkeit zu verdanken ist, gibt es relativ wenige Arten. Das erklärt sich aus der lang andauernden Isolation der Inseln und der Entfernung vom asiatischen Festland. Schraubenpalmen, Eisenholzbäume

Ein einsames Segelboot eilt zum Archipel von Pagan in den sicheren Hafen zurück, bevor ein Tropengewitter losbricht.

und Kokospalmen bilden wesentliche Bestandteile der Vegetation. Mangroven und Dornenbüsche wachsen neben Nutzpflanzen wie Jams, Taro, Süßkartoffel und Bananenstauden, die von den ersten ozeanischen Einwanderern, sowie Obstbäumen, Kaffee und Kakao, die später von den Europäern mitgebracht wurden. Die Fauna ist ebenso arm. Außer einigen seltenen einheimischen Arten, wie einer Abart der Fledermaus und einige Vögel, wurden fast alle Tiere durch die Südseeinsulaner und die Europäer eingeführt.

Eine mit Blut geschriebene Geschichte

Die Völker Mikronesiens haben ein besonderes Schicksal. Ihre Abgeschiedenheit – fernab der großen Handelswege – und die weit verstreut liegenden Inseln führten dazu, daß die fundamentalen Bestandteile der alten gesellschaftlichen und kulturellen Ordnung bis heute bewahrt wurden. Selbst in unserer Zeit, in der der Tourismus mehr denn je die Ausmaße von Völkerwanderungen annimmt, wird Mikronesien von Reisenden kaum besucht. Doch konnte auch die isolierte Lage dieses Gebiet vor allem im 20. Jahrhundert nicht vor der Brutalität von Kolonisierung und Krieg bewahren.

Die mikronesischen Archipele betraten die Bühne der Geschichte, als sie ab dem 16. Jahrhundert allmählich von Europäern entdeckt wurden. Die Inseln, allen voran die westlichen, waren bereits mindestens seit 1700 Jahren vor unserer Zeitrechnung bewohnt. Hier gab es damals schon Hochkulturen, die vermutlich dank wiederholter Kontakte mit Asien entstanden. So wurde auf den Marianen Weizen angebaut, ein Unikum in Ozeanien vor der Ankunft der Europäer. Yap regierte ein ausgedehntes Militär- und Handelsreich, das sich von Palau bis Truk erstreckte. Nach ihrer Entdeckung durch die ersten iberischen Seefahrer in den Jahren 1521 bis 1527 wurden die meisten westmikronesischen Archipele – mit Ausnahme von Ponape und Kosrae – ein halbes Jahrhundert später durch die spanische Krone annektiert; die östlichen Archipele blieben dagegen relativ unbeachtet.

Wie immer strömte eine Heerschar von Soldaten, Missionaren und Kolonisten ins Land. Die Eroberer tauften die westlichen Inseln Palaos oder auch Marianen und Karolinen zu Ehren der spanischen Herrscher Maria-Anna von Habsburg, Witwe Philipps II. und Thronregentin, und ihrem Sohn Karl II. Die Eingeborenen versuchten sich in heftigen Kämpfen den Eindring-

Die Kinder von Sonsorol, einem abseits gelegenen Palau-Archipel, amüsieren sich das ganze Jahr über im warmen Wasser der Lagunen (oben).

Die kleinen Inseln der Nördlichen Marianen, wie hier auf dem Archipel von Maug, sind ein Naturparadies, das nur von wenigen Menschen bewohnt ist (Mitte).

Eine Blüte des Flamboyant (Schön-Caesalpinie).

lingen zu widersetzen. Sie vermochten jedoch nicht lange Widerstand zu leisten und wurden erbarmungslos niedergemetzelt. Ihre Zahl verringerte sich infolge von Massakern, Krankheit und großangelegten Deportationen in andere ozeanische Kolonien. Sämtliche Chamorros, Ureinwohner der nördlich von Rota gelegenen Marianen, wurden nach Guam verschleppt und zur Arbeit in den großen Besitzungen der spanischen Kolonisten eingesetzt.

Nachdem die Missionare das örtliche gesellschaftliche und religiöse Gefüge zerschlagen hatten, wurden andere Völkerschaften von den Philippinen oder aus Amerika angesiedelt, um sie in den Plantagen arbeiten zu lassen. Sie vermischten sich mit einem großen Teil der ursprünglichen Bevölkerung. Obwohl von Madrid mißbilligt, setzte sich der spanische Machtmißbrauch noch bis Anfang des 19. Jahrhunderts fort. Die Bevölkerung der Marianen und von Yap ging damals um fast die Hälfte zurück.

Ab Mitte des 18. Jahrhunderts kamen auf Pohnpei, Kosrae und allen westlichen Archipelen (die späteren Marshall-Inseln, Nauru, die Gilbert-, Phoenix- und Linien-Inseln), die bis dahin verschont geblieben waren, weitere Europäer an, und zwar vor allem Engländer und einige Franzosen. Die Kolonisierung ging reibungsloser vonstatten, das heißt, es kam weder zu Massakern noch zu Deportationen wie in Westmikronesien. Dennoch verursachten durch Europäer eingeschleppte Krankheiten und die erzwungene Christianisierung einen erheblichen Rückgang der örtlichen Bevölkerung. Während des 19. Jahrhunderts erkundeten verschiedene Seefahrer ganz Mikronesien, dessen Inseln sich dann Spanien, England

Die Küsten der Inseln, hier im Süden von Agrihan, sind oft mit Mangrovenwäldern bewachsen, in denen zahlreiche, halb im Wasser, halb an Land lebende Tiere zu Hause sind.

und – in geringerem Maße – die Vereinigten Staaten teilten. Gegen Ende des Jahrhunderts wurde der expansionistische Appetit eines anderen europäischen Staates – nämlich Deutschlands – im Westpazifik deutlicher. Nach Inbesitznahme von Neuguinea und den Marshall-Inseln in den Jahren 1885 und 1886 zwangen die Deutschen die Spanier, den Schiedsspruch des Papstes Leo XIII. zu akzeptieren, der den Deutschen Handelsprivilegien und Eigentumsrechte zugestand, die ihnen de facto den Besitz gewährten.

Im Jahr 1898 annektierten die Vereinigten Staaten Guam in der Gruppe der Marianen-Inseln, um dort einen Marinestützpunkt einzurichten. Ein Jahr später zwang Bismarck die Spanier, ihm die restlichen Marianen-Inseln sowie die Karolinen- und die Palaos-Inseln abzutreten. Bei Ausbruch des Ersten Weltkriegs eroberten die Japaner die gesamten mikronesischen Archipele, über die sie trotz amerikanischer Rückeroberungsversuche bis 1945 die Oberhoheit behielten. Während des Zweiten Weltkriegs wurden die Marianen und die Karolinen wichtige strategische Basen für die Japaner, besonders während der großen Offensive von 1941 und 1942 im Südpazifik.

1944 wurden sie nach harten Kämpfen durch die amerikanische Gegenoffensive vertrieben. Die Eingeborenen – die zwischen zwei Feuer geraten waren – wurden oft gegen ihren Willen in einen Konflikt verwickelt, der sie nichts anging, und erlitten damals schwere Verluste. Schätzungsweise war bei Kriegsende der Anteil der ursprünglichen rein- oder gemischtrassigen Bevölkerung im Vergleich zum 16. Jahrhundert um fast zwei Drittel dezimiert!

1947 übertrug die UNO den Vereinigten Staaten die Treuhandverwaltung über alle westmikronesischen Archipele sowie über deren östliche Nachbarn. Die Amerikaner siedelten als Ersatz für fehlende Arbeitskräfte neue, hauptsächlich aus Polynesien stammende Gruppen um. Zum ersten Mal, seit die Mikronesier mit den Weißen in Berührung gekommen waren, werden ihre Rechte allmählich respektiert. Dennoch wird Mikronesien insgesamt von den Amerikanern als ihr «Jagdrevier» betrachtet. Entweder sie annektierten faktisch die Inseln, wie Guam, oder sie stellen sehr enge politisch-wirtschaftliche Verflechtungen mit den kürzlich in die Unabhängigkeit entlassenen Staaten her wie im Fall von Palau, den Nördlichen Marianen, dem Bundesstaat Mikronesien, den Marshall-Inseln und Kiribati. Auf einigen von ihnen befinden sich US-Militärstützpunkte.

Die Tänze Mikronesiens, vor allem auf den Archipelen von Palau, Yap und Truk, geben pantomimisch alte Sagen wieder (beide Bilder).

Leben im Einklang mit der Natur

Trotz ihrer Lage zwischen Melanesien und Polynesien und obwohl gewisse Elemente aus diesen beiden Inselgruppen übernommen wurden, entwickelten die mikronesischen Völkerschaften vollkommen eigenständige Gesellschaftssysteme. Große Entfernungen zwischen den Inseln und spärlich vorhandene Lebensgrundlagen förderten diese Entwicklung erheblich. Geburtenbeschränkung und Tötung von Neugeborenen zur Vermeidung von Überbevölkerung waren bis ins 19. Jahrhundert üblich. Die Mikronesier hatten sich zu Meistern in der Kunst entwickelt, deichähnliche künstliche Gärten anzulegen. Sie schufen jedoch vor allem ein sehr ausgeklügeltes Gesellschaftssystem, das bis heute Bestand hat. In seinem Mittelpunkt steht ein Stammesfürst, dessen Autorität auf Abstammung, Alter, Geburtenrangfolge und der Bedeutung seines Landbesitzes begründet ist. Die verschiedenen Systeme – vom einfachsten bis zum komplexesten – basieren alle auf diesem Grundelement. So besteht auf den südlichen Gilbert-Inseln und auf Nauru die Gesellschaft nur aus einem Nebeneinander unabhängiger Dorfgemeinschaften, die durch gleichgestellte Stammesfürsten regiert werden. Diese versammeln sich bei Bedarf, um Beschlüsse über die gemeinsame Politik zu fassen.

Dagegen konzentriert sich auf den Karolinen und den Marshall-Inseln die Entscheidungsgewalt in den Händen einiger aristokratischer Stammeshäuptlinge, deren Herrschaftsbereiche durch starke hierarchische Gliederung gekennzeichnet sind. Diese beruht auf dem mythologischen Alter von Sippen heroischen oder göttlichen Ursprungs. Das beste Beispiel dieses Systems hat auf Ponape und vor allem auf Yap überlebt, wo der gesamte Archipel in Bezirke aufgeteilt ist, die wiederum aus Unterbezirken bestehen. Jede Stufe untersteht adeligen Männern, die je nach gesellschaftlichem Rang das Recht haben, Steuern zu erheben und kultische Handlungen vorzunehmen. Nach Bewertung des geographischen Vorkommens der verschiedenen Systeme kann festgestellt werden, daß Hochkulturen in den «zivilisierteren» Gegenden im Westen entstanden (zum Beispiel Yap), während die weniger entwickelten, «primitiver» gebliebenen Gesellschaften, den östlichen Gebieten vorbehalten waren.

Mikronesien ist sich der Tatsache bewußt, daß es nur ein «Unfall» zwischen unendlichem Himmel und endlosem Meer ist. Folgende Sage von den Karolinen bestätigt dies.

Die von Gesang begleiteten Darbietungen preisen Heldentaten, vor allem der Frauen, die immer schon an der Seite der Männer kämpften.

In grauer Vorzeit gab es nur ein einziges, in der unendlichen Weite des Urmeeres versunkenes Gebirge. In ihm wohnte die gesamte Energie des Universums. Ein großer Baum, nur noch nackter Stamm, ohne Äste und ohne Blätter, stand auf seinem Gipfel. An einem von den Göttern bestimmten Tag hob sich der Fuß des Berges. Ein erster Gott erschien. Er hieß Solal. Stark und dunkel wie die tosende Welle erklomm er den Berg. Am Gipfel riß er den Baum aus und zerhackte ihn in mehrere Stücke, die er zu einem riesigen Mast zusammensetzte. Dann setzte er diesen Mast in den Fels und kletterte daran hoch. Auf halber Höhe durchbrach er die Wasseroberfläche. Er hielt inne und schuf die Erde. Sie war flach und wüst. Er kletterte weiter und gelangte an die Mastspitze. Dort schuf er den Himmel, den er am Mast befestigte.

Er rief nun Aluelop, denjenigen seiner Brüder, der gleich nach ihm geboren war. Dieser, leuchtend und klar wie die Tagessonne, gesellte sich alsbald zu seinem älteren Bruder. Der betraute ihn mit der Wache über dem Himmel. Dann verschwand Solal wieder im Ozean. Inmitten seiner anderen Brüder wurde er zum Herrscher der unteren Welten. Unendlich lange Zeit lebten Himmel und untere Welt getrennt nebeneinander, ohne daß etwas geschah. Aluelop langweilte sich in seinem Himmelsreich gewaltig. Eines Tages lud er deshalb Solal ein. Er schlug ihm vor, neue Lebewesen zu erschaffen. Solal war einverstanden. Die beiden Brüder machten sich ans Werk. Sie schufen alle Wesen, die heute im Meer und unter dem Himmel leben. Aluelops Kopf war voller Ideen. Er erfand die Formen. Solal lieferte die Materie: Er besaß davon im Überfluß. Als sich Pflanzen im Meer, Fische im Wasser, Sterne und Vögel unter dem Himmelszelt befanden, sahen die Götter, daß sie die Erde vergessen hatten. Sie war sehr klein, verloren zwischen der Unendlichkeit des Meeres und des Himmels!

Sie bevölkerten sie mit zahlreichen Pflanzen- und Tierarten. Alle waren sterblich. Die Brüder hatten nämlich beschlossen, daß neue Generationen entstehen sollten, und somit mußten die alten notwendigerweise den jüngeren weichen. Schließlich erfanden die Götter Mann und Frau, deren Obhut sie ihre Schöpfung anvertrauten. Da diesen Hütern eine wichtige Aufgabe zukam, gewährten sie ihnen Unsterblichkeit. Alles funktionierte gut in der so geschaffenen Welt. Im Himmel, auf der Erde und im Meer war jede Pflanzen- und Tierart vollkommen ihrem Lebensraum angepaßt und vermehrte sich. Nur die Menschen schienen Schwierigkeiten zu haben. Als künstlich geschaffene und ungeschickte Wesen konnten sie weder schwimmen wie Fische noch fliegen wie Vögel, noch laufen wie Hunde. Aluelop beschloß, seinen Sohn Lugeilan zu schicken, um ihnen zu helfen. Dieser stieg vom Himmel herab und begab sich unter die Menschen. Er lehrte sie den Anbau von Nutzpflanzen, damit sie sich ernähren konnten. Er unterwies sie in der Kunst des Tätowierens und der Haartracht, damit sie sich von den Tieren unterschieden, die ihre Erscheinung weder ändern noch verschönern konnten. Er zeigte ihnen mit Hilfe der anderen Götter, wie Häuser und Pirogen gebaut werden. Nachdem er seine Aufgabe erfüllt hatte, kehrte er zu seinem Vater Aluelop in den Himmel zurück.

Jedoch hatte der Gott die Menschen unterschätzt. Sie waren scharfe Beobachter. Schnell hatten sie begriffen, daß die Götter, allen voran Lugeilan, sie als ihre Stellvertreter auf Erden betrachteten. Außerdem waren sie unsterblich, wogegen alles, was um sie herum lebte, zum Tod verdammt war. Daraus schlossen sie, daß sie allen anderen Lebewesen überlegen waren. Ihre Herzen füllten sich mit Hochmut. Sie begannen, wahllos Bäume zu fällen, fischten und jagten allein aus Vergnügen am Töten. Sie häuften Reichtum und Vermögen an. Sie hatten viele Kinder und wurden schließlich zu einer die Götter beunruhigenden Macht. Lugeilan war enttäuscht; sein Vater, der mächtige Aluelop, wurde zornig. Er nahm den Menschen die Unsterblichkeit und unterwarf sie dem allgemeinen Gesetz der Vergänglichkeit.

Verdammt dazu, vernünftiger zu werden, um zu überleben, machten sich die sterblich gewordenen Menschen nun daran, ihre Umwelt zu erhalten. Nachdem Aluelops Zorn verraucht war, entschied er, es sei an der Zeit, den Menschen Kultur zu schenken. Durch Erfahrung klug geworden, bat er Lugeilan,

DIE LEGENDE VON LUGEILAN

nicht persönlich bei den Menschen zu erscheinen. Sie kannten ihn nämlich zu gut und wären bei seinem Anblick fähig gewesen, irgendeinen neuen Aufstand anzuzetteln. Er befahl ihm, sich mit einer Sterblichen zu vereinen, ohne daß sie es wüßte und ein Wesen zu zeugen, das Gott und Mensch in einem sei. Lugeilan wählte eine schöne Frau, mit der er im Schlaf ein Kind zeugte. Einige Zeit später plagten die Frau schlimme Kopfschmerzen. Ihrem Schädel entwich eine leuchtende Gestalt, die zur menschlichen Erscheinung wurde. Es war Olofad, der sterbliche Sohn Lugeilans, der die durch Aluelop übertragene Aufgabe erfüllen sollte. Weise und unbeirrbar, wurde er der geistige Führer seines Volkes, dem er die Kultur beibrachte. Im Lauf der Zeit fühlte er sich seinem Volk so nahe, daß er schließlich am göttlichen Befehl zweifelte, der ihm gebot, den Menschen nicht zu viele Geheimnisse zu verraten. Zwischen seiner göttlichen und seiner menschlichen Hälfte hin- und hergerissen, wählte Olofad schließlich letztere. Er wagte es, wieder in den Himmel aufzufahren, um den Göttern die Unsterblichkeit zu rauben und sie den Menschen zu schenken. Sein Vorhaben scheiterte und er wurde aus dem Himmelreich verstoßen. Es gelang ihm jedoch, einen Funken des heiligen Feuers zu rauben und ihn zur Erde zu bringen. Dort verwandelte es sich in den Verstand, den sich die Menschen teilen mußten. Da Olofad ihnen immer noch Unsterblichkeit versprach, forderten die Götter von Aluelop, er möge ihn bestrafen. Der Herrscher des Himmels wollte den Unverschämten züchtigen, als eine Gruppe Menschen, auf Olofads Beliebtheit eifersüchtig, den Helden in eine Falle lockte und ihn tötete. Sie warfen seinen Körper ins Meer. Lugeilan bat Solal und die anderen Götter, seinen Sohn zu neuem Leben erwecken zu dürfen. Sie erlaubten das, jedoch unter der Bedingung, daß Olofad sich nie wieder um die Erde und die Menschen kümmern dürfe. Nachdem Lugeilan dem Geist seines Sohnes das Vergessen eingepflanzt hatte, holte er ihn ins Leben zurück. Olofad zog in den Himmlischen Palast seines Vaters und dachte nie mehr an die Menschen, die immer noch auf die Rückkehr dessen warten, der ihnen die Erlösung vom Tod versprochen hatte.

Nachdem sie bei Ebbe Muscheln gesucht haben,
kehren die Insulaner von Tinian bei Abenddämmerung
ans Ufer zurück.

Die gesamte Meeresfläche von Westmikronesien beträgt mehr als 5 000 000 Quadratkilometer. Sie umfaßt die Republik Palau, das Commonwealth der Nördlichen Marianen, die Insel Guam und die Föderierten Staaten von Mikronesien. Diese Archipele werden von Völkern bewohnt, die noch mikronesische Merkmale besitzen; das betrifft sowohl ethnische als auch kulturelle Aspekte. Die Gesellschaft organisiert sich um eine von Großgrundbesitzern beherrschte Aristokratie, deren Macht durch Vererbung sichergestellt wird.

Palau, der vergessene Archipel

Die Republik Palau (auch Belau genannt) hat etwa 16 500 Einwohner, die insgesamt noch einer traditionellen Lebensweise folgen. Die Einflüsse Japans und der USA beginnen diese jedoch zu stören, besonders seit die außergewöhnliche Schönheit der dortigen Unterwasserwelt Scharen von Touristen anzieht.

Die Nachkommen mikronesischer Vorfahren bilden etwa ein Drittel der Inselbewohner, ein weiteres Drittel besteht aus anderen Ozeaniern oder aus Mischlingen. Der Rest setzt sich aus Europäern und einer sehr großen asiatischen Kolonie, bestehend aus Filipinos, Indonesiern und Taiwanesen, zusammen, die sich ab Ende des 19. Jahrhunderts auf den Inseln niederließ und die ethnische Identität in den am dichtesten besiedelten Gegenden veränderte.

Palau ist das letzte unter amerikanischer Treuhand stehende Land im Pazifik. 1992 verständigten sich die 14 Staaten, aus denen die Republik besteht, darauf, den gegenwärtigen Status in eine freie Assoziation mit den USA zu verwandeln. Die derzeit in dem Gebiet herrschende äußerst unsichere politische Lage verzögerte jedoch diesen Prozeß.

Palau besteht aus ungefähr 350 Inseln, Eilanden und Riffen, die sich im großen und ganzen auf zwei Archipele verteilen: im Norden der eigentliche Palaos-Archipel, dort liegt auch die große Insel Babelthuap mit der Hauptstadt Koror, sowie im Süden der Sonsorol-Archipel. Die Inseln sind größtenteils entlang einem von Nordost nach Südwest verlaufenden Bogen angeordnet. Dieser stellt den südlichen Teil des den über 8500 Meter tiefen Palau-Graben säumenden Unterwassergebirges dar. Die Gesamtoberfläche der aus dem Wasser ragenden Gebiete übersteigt nicht 495 Quadratkilometer bei einer Meeresfläche von 630 000 Quadratkilometern. Außer Babelthuap, dessen massive, ein wenig erhöhte Struktur an die Gestalt der hohen, von der Erosion nivellierten Pazifikinseln erinnert, zeigen die anderen Inseln die klassische Gestalt des Korallenatolls. Das Kayangel-Atoll nördlich von Babelthuap wird von den Geographen oft als seine vollkommene Urform bezeichnet.

Trotz ihrer frühen Entdeckung durch europäische Seefahrer wurden die Archipele von Palau von der Geschichte völlig vergessen, obgleich die beiden Weltkriege für sie einen brutalen Einschnitt bedeuteten. Kaum berührt von internationalen Handelsabkommen, miserabel unterstützt von den Großmächten, die dort weder ein strategisches noch wirtschaftliches Interesse sehen, oft zerrissen durch heftige lokalpolitische Streitigkeiten, versuchen diese Archipele in einer Welt zu überleben, die sie nicht beachtet.

PALAU, NÖRDLICHE MARIANEN, GUAM, FÖDERIERTE STAATEN VON MIKRONESIEN

Föderierte Staaten von Mikronesien

Die vier Bundesstaaten Mikronesiens haben sich seit 1980 zu einer eigenständigen Nation zusammengeschlossen. Sie umfassen eine Meeresfläche von 2 978 000 Quadratkilometern, davon sind nur etwa 700 Quadratkilometer Land. Diese Inseln setzen sich aus einer Vielzahl oft winziger Atolle und aus mehr als 2200 kleinen Inseln zusammen, die auf vier zusammengehörende Gruppen verstreut sind. Jede dieser Gruppen nahm den Namen ihrer Hauptinsel an. Von West nach Ost sind dies Yap (ehemalige westliche Karolinen-Inseln), Truk (oder Chuuk), Pohnpei (ehemals Ponape) und Kosrae (oder Kusaie, ehemalige östliche Karolinen-Inseln).

Yap – eine der, ihren geologischen Gegebenheiten nach zu schließen, zuerst erschienenen Inseln – ruht auf einem Sockel aus kristallinen Schiefern. Ihre Landschaft, die durch starke Verwitterung im Lauf der Jahrhunderte eingeebnet wurde, sticht von den anderen drei jüngeren Hauptinseln ab, die sehr bergig und zerklüftet sind. Im großen und ganzen steigt das Relief in Richtung Osten an. Diese Tatsache bestätigt das Vorhandensein einer sicher weit im Südosten gelegenen «heißen Stelle» («hot spot») als Ursprung all dieser Archipele.

Die Inseln sind umgeben von Lagunen, die durch beeindruckende Korallenbänke begrenzt werden. Die Lagune von Truk, das zahlreiche Nebeninseln hat, ist eine der größten des Pazifiks. 129 000 Menschen, von denen mehr als 35 Prozent Mikronesier, 20 Prozent polynesische Mischlinge und 20 Prozent Ozeanier sind, leben ungleich verteilt in den Bundesstaaten.

Pohnpei ist der bevölkerungsstärkste Staat, hier liegt auch die Bundeshauptstadt Kolonia. Im gesamten Westmikronesien ist die mikronesische Identität gerade in diesen vier Staaten am ausgeprägtesten. Viele aus voreuropäischer Zeit stammende Traditionen werden dort trotz des Bekehrungseifers christlicher Missionare und trotz der spanischen, japanischen und amerikanischen Besatzungszeiten bewahrt. Auf Yap sind immer noch das Steingeld mit einem runden Loch in der Mitte und die überkommenen Prachtgewänder, vor allem für Männer, gang und gäbe. Auf Truk und Kosrae blieben die ursprüngliche Sippenorganisation und einige magische Rituale teilweise erhalten. Trotzdem veränderten auch hier zahlreiche polynesische Völkerschaften, von denen einige vor über 1000 Jahren einwanderten, die ursprünglich rein mikronesische Kultur auf den östlichen Inseln der Ponape-Gruppe und auf Kosrae. Dort stellen die reinrassigen Polynesier mehr als die Hälfte der Bevölkerung.

Seit seiner Aufnahme in die UNO im Jahr 1991 erfährt der Bundesstaat einen bemerkenswerten wirtschaftlichen Aufschwung, der größtenteils erheblichen amerikanischen Investitionen zu verdanken ist. Diese mikronesische Nation hat zweifellos gute Zukunftsaussichten.

Die Bewohner von Yap bewegen sich mit Flößen statt mit Booten auf den Gewässern im Landesinneren fort.

▷ Eine eigentümliche Sitte auf Yap ist der Gebrauch des Steingeldes. Einige dieser Steine, die in der Mitte durchbohrt sind, wiegen mehrere Tonnen. Mit einem zehn Zentimeter großen Stein kann man ein Tier kaufen, mit einem zwei Meter großen ein ganzes Dorf erwerben.

Die Nördlichen Marianen und Guam: ein amerikanisches Modell

Der Archipel der Marianen umfaßt eine Meeresfläche von 1 600 000 Quadratkilometern und besteht aus dem Commonwealth der Nördlichen Marianen mit einer Größe von 1 460 000 Quadratkilometern, einem eigenständigen, den USA

assoziierten Staat und der großen Insel Guam (140 000 Quadratkilometer), einem nicht integrierten Territorium der USA.

Die Landmasse der Nördlichen Marianen beläuft sich auf 477 Quadratkilometer, die von Guam auf 554 Quadratkilometer. Das Commonwealth der Nördlichen Marianen besteht aus 15 Inseln mittlerer Größe und aus mehreren unbewohnten Eilanden. Die wichtigsten Inseln sind Rota, Tinian und Saipan mit der Hauptstadt Chalan Kanoa; alle drei liegen im Süden des Archipels. Sie erstrecken sich entlang eines unterseeischen, von Norden nach Süden verlaufenden Bogens, der auf der östlichen Seite auf 2000 Kilometer Länge den Marianengraben begleitet. Dieser ist mit über 11 000 Metern unter dem Meeresspiegel der tiefste Graben der Welt.

Das südliche Ende dieser Unterwassergebirgskette bildet die große Insel Guam, deren Hauptstadt Agana ist. Die Nördlichen Marianen und Guam sind alte Inseln vulkanischen Ursprungs, die von Barriereriffen umgeben sind. Wegen der langen Verwitterungsphase, der sie ausgesetzt waren, ist ihre Oberfläche nur wenig hügelig. Der höchste Punkt der Nördlichen Marianen liegt auf Saipan: Der Tapgochan ist 466 Meter hoch. Guam hat die Form eines Fußabdrucks; der Norden ist flach, der Süden ist ein vulkanisches Gebiet mit dem Mount Lamlam als höchstem Punkt.

30 000 Menschen leben auf den Marianen und 129 000 auf der Insel Guam. Die ursprünglich hier ansässigen Mikronesier sind in der Minderheit (35 Prozent auf den Nördlichen Marianen und kaum mehr als 10 Prozent auf Guam), Polynesier, Weiße und Asiaten überwiegen bei weitem. Der amerikanische Einfluß ist überall spürbar. Wenngleich auf den nördlichen Inseln (Maug, Asuncion, Agrihan, Pagan) die mikronesischen Traditionen überlebt haben, hat im Süden und besonders in Guam der amerikanische Lebensstil die alten Bräuche ersetzt. Diese Änderung ging mit einem Zustrom von Menschen europäischen und asiatischen Ursprungs einher. Die Mikronesier haben die Wahl: Entweder sie wagen die Rückkehr zu ihren traditionellen Ursprüngen oder die Flucht nach vorn in den Schoß Amerikas.

Auf den westlichen Archipelen der Marianen und des Bundesstaates Mikronesien findet man bedeutende historische Überreste, von denen einige aus der Jungsteinzeit stammen.

Eine Lieblingsbeschäftigung der Männer – das Kauen einer Betelnuß (links).

Der von den Europäern eingeführte Tulpenbaum fand im gesamten pazifischen Raum Verbreitung (rechts).

Zwei Männer bewachen den Eingang zum Gemeinschaftshaus. In diesen großen Gebäuden, die für die mikronesische Kultur charakteristisch sind, finden in regelmäßigen Abständen Versammlungen der Stammesoberhäupter sowie verschiedene Zeremonien statt.

Die Bevölkerung von Guam, der am dichtesten besiedelten Marianen-Insel, lebt auf dem schmalen Küstenstreifen. Das Landesinnere bildet eine völlig unbewohnte Hügellandschaft.

◁ *Das Alltagsleben der Menschen hat sich dem langsamen und regelmäßigen Rhythmus der Natur angepaßt, die den Insulanern all das liefert, was sie zum Beispiel auf Palau, den Marianen und auf Kosrae benötigen (alle drei Bilder).*

Zahlreiche, meist unbewohnte Eilande umgeben das riesige Atoll von Tarawa (Kiribati) mit einem Korallenfelsring.

Die Gesamtmeeresfläche Ostmikronesiens stellt mit 5 870 000 Quadratkilometern die größte im Pazifik dar. Sie umfaßt die Republiken der Marshall-Inseln, Nauru und Kiribati.

Die hier lebenden Völkerschaften sind kaum mehr mikronesischen Ursprungs, denn Ostmikronesien war seit mehr als 2000 Jahren Durchgangsstation vieler, hauptsächlich polynesischer Wanderungsbewegungen. Das erklärt den großen Anteil an Polynesiern, sogar ihre beinahe erreichte Vorherrschaft auf manchen Archipelen.

Die Dorfgemeinschaft wird vom Clan beherrscht, der durch die Verehrung der Vorfahren und verschiedene örtliche Bruderschaften verbunden ist, die einerseits eine gesellschaftliche Kontrollfunktion ausüben und andererseits den kultischen Austausch zwischen den verschiedenen Sippen überwachen.

MARSHALL-INSELN, NAURU, KIRIBATI (OSTMIKRONESIEN)

Die Marshall-Inseln

Die Republik der Marshall-Inseln, die 1979 ein unabhängiger Staat wurde, ist durch einen freien Assoziationsvertrag seit 1983 mit den USA verbunden. Sie umfaßt eine Meeresfläche von 2 130 000 Quadratkilometern, in die eine Landmasse von 181 Quadratkilometer eingestreut ist, die sich aus mehr als 1200 Inseln und Eilanden zusammensetzt. Diese liegen aufgereiht auf einer doppelten Kette, die in 240 Kilometer Entfernung parallel zueinander verläuft. Die Atolle sind nordwestlich-südöstlich ausgerichtet und über der langen unterseeischen Gebirgskette Marshall-Gilbert-Ellice angeordnet. Es wird unterschieden zwischen der Gruppe der 18 westlichen Ralik-Atolle (auch Inseln des Sonnenuntergangs) und den 16 Ratak-Atollen (oder Inseln des Sonnenaufgangs), wobei die Hauptstadt Uliga auf dem Majuro-Atoll liegt.

All diese Inseln sind alte Korallenformationen, die sich um eine zentrale Lagune gruppieren und nicht mehr als vier Meter über dem Meeresspiegel liegen. Die Lagunen der Marshall-Inseln sind die größten der Welt. Nicht selten erreichen sie einen Durchmesser von 100 Kilometern. Die größte – die Lagune von Kwajalein in der Ralik-Gruppe – umfaßt allein eine Meeresfläche von 2300 Quadratkilometern.

Auf den Marshall-Inseln leben 41 600 Einwohner. Die große Mehrheit davon sind Mikronesier und Polynesier, die jeweils die Hälfte von 75 Prozent der Gesamtbevölkerung stellen. Melanesier und Asiaten leben ebenfalls auf den Marshall-Inseln. Im Gegensatz zum Geschehen auf anderen mikronesischen Archipelen war die Rassenmischung besonders mit Weißen und Asiaten sehr selten. Die Mischung von Polynesiern mit der mikronesischen Urbevölkerung war dagegen vor allem auf den östlichen und südlichen Atollen besonders stark.

Aufgrund ihrer geographischen Lage stellen die Marshall-Inseln für die USA eine bedeutende strategische Drehscheibe dar. Sie sind auf allen, besonders den in der Mitte und im Norden liegenden Atollen, präsent, wo sie – wie etwa auf Kwajalein – Militärstützpunkte errichteten. Andere Atolle wie Bikini oder Eniwetok erlangten als Schauplatz von Atombombenversuchen traurige Berühmtheit. Als Folge davon war die Umwelt dermaßen verstrahlt, daß der Zugang zu beiden Atollen für jedermann lange Zeit verboten war, alle Bewohner wurden evakuiert.

Die Vegetation ist relativ artenarm, nur Kokos- und Schraubenpalmen sind im Überfluß vorhanden. Auf den nördlichen Atollen können nur einige salzertragende Pflanzenarten überleben. Im Süden werden das ganze Jahr über Nutzpflanzen wie Taro, Jams, Brotfrucht und Kakao angebaut und geerntet.

Außer den Marshall-Inseln verwalten die USA weitere mikronesische Eilande, die – früher unbewohnt und außerhalb der Grenzen Ostmikronesiens gelegen – den Streitkräften unterstellt wurden: das Inselchen Wahe (7,8 Quadratkilometer) wurde der Luftwaffe, Johnston (2 Quadratkilometer) dem Heer und Midway (5,2 Quadratkilometer) der Marine übergeben. Manche Eilande, wie Palmyra, gehören Privateigentümern oder sind – wie Kingman, Jarvis, Howland und Baker – unbewohnt. Zwei im Phoenix-Archipel gelegene Inseln – Canton und Enderbury – sind anglo-amerikanisches Kondominium.

Nauru, die reiche Insel

Nach ihrer Entdeckung durch den englischen Kapitän Fearn im Jahr 1798 wurde die Insel Nauru 1888 von Deutschland übernommen, bevor sie im Ersten Weltkrieg von Australiern, im Zweiten Weltkrieg dann von Japanern besetzt wurde. 1968 wurde sie als unabhängige Republik Nauru Teil des British Commonwealth. Nauru liegt westlich der eigentlichen Gilbert-Inseln in nächster Nähe des Äquators und umfaßt eine Meeresfläche von 320 000 Quadratkilometern. Der Staat besteht aus einem 22 Quadratkilometer großen Atoll mit einer einzigen, von einem mächtigen Korallenriff umgebenen Insel, die auf einer

Obwohl die dreieckigen schwarzen Segel, die für die Insel Buariki kennzeichnend sind, fragil erscheinen, erweisen sich die Fischerboote selbst bei stürmischem Wetter als sehr seetüchtig.

isolierten Erhöhung am östlichen Rand der Salomonen-Schwelle liegt. Sie besteht aus einem gewaltigen Plateau aus Korallenkalk, dessen Höhe 65 Meter im Landesinneren nie übersteigt und sich gegen einen schmalen, sehr fruchtbaren Küstenstreifen hin in Terrassen abflacht.

Nauru hat mit 380 Einwohnern pro Quadratkilometer die höchste Bevölkerungsdichte im Pazifik. 9200 Menschen leben hier, wovon 65 Prozent aus allen Himmelsrichtungen stammende Polynesier sind. Die Hälfte der Bevölkerung sind Nauruer, eine Bezeichnung für die Mischung von Polynesiern mit Malaien oder Indonesiern. Weitere aus Tuvalu, Wallis und Futuna und von den eigentlichen Gilbert-Inseln stammende Polynesier stellen 18 Prozent der Bevölkerung. Echte Mikronesier (12 Prozent), aus Hongkong stammende Chinesen sowie Weiße bilden den Rest.

Fast auf der gesamten Insel gibt es riesige Phosphatvorkommen. Es herrscht allgemein ein gehobener Lebensstandard, denn die aus dem Phosphatabbau gewonnenen Einnahmen sind beträchtlich. Die Ureinwohner scheinen den vielfältigen Verlockungen der westlichen Zivilisation ohne Mühe widerstehen zu können. Nauru, die «moderne» Insel, die Kontakte zu Australien, Neuseeland, Japan und Großbritannien pflegt, ist paradoxerweise sehr tief in Bräuchen und Denkweisen verankert. Hier findet man den ältesten Ahnenkult, das Festhalten an der rituellen Zugehörigkeit zu Sippen und die Weitergabe der Legenden von Generation zu Generation.

Kiribati: grenzenloses Meer, soweit der Himmel reicht

Die Republik Kiribati, die in ihrer Nordhälfte vom Äquator geschnitten wird, liegt in der Mitte des Pazifik. Mit einer Meeresfläche von über 3 550 000 Quadratkilometern gehört sie zu den Staaten mit der größten Längsausdehnung in diesem Ozean. Die gesamte Landmasse beträgt ganze 728 Quadratkilometer. Kiribati besteht aus der großen Insel Banaba (oder Ocean Island), 32 Atollen, die sich auf die drei Archipele Gilbert, Phoenix und Line verteilen, sowie einer Vielzahl von Eilanden und unbewohnten Riffen.

Die Gruppe der eigentlichen Gilbert-Inseln umfaßt 16 Atolle. Auf dem größten – Tarawa – liegt die Hauptstadt Bairiki. Der Phoenix-Archipel besteht aus acht Atollen, der Line-Archipel aus acht der elf Line-Inseln (oder Äquatorial-Sporaden), wovon drei (Palmyra, Kingman und Jarvis) zu den USA gehören.

Die von der restlichen Welt abgeschnittenen Bewohner der ostmikronesischen Inseln sind arm. Sie bessern deshalb ihre Boote mit jeder Art von Treibgut notdürftig aus.

Die mit Palmen bewachsene Insel Buota ist berühmt für ihre Dörfer mit nach alter Tradition gebauten Häusern.

Die Insel Banaba hat denselben Ursprung und die gleiche Struktur wie Nauru, von dem sie nur 100 Kilometer trennen. Wie Nauru ragt sie isoliert aus dem Meer und besteht aus einem weiten Plateau aus Korallenkalk, das nur 20 bis 40 Meter über dem Meeresspiegel liegt. Sein Sockel enthält ebenfalls bedeutende Phosphatvorkommen, die heute jedoch fast erschöpft sind.

Die Atolle besitzen alle eine ähnliche Gestalt: Eine breite Binnenlagune wird durch einen Gürtel aus Koralleninseln begrenzt. Ihre mittlere Höhe schwankt zwischen zwei und vier Metern. Sie sind entlang einer von Nordwest nach Südost verlaufenden Achse angeordnet, die mit Unterwasserketten vulkanischen Ursprungs einhergeht. Bei den Phoenix-Inseln sind sich die Geologen noch nicht darüber im klaren, ob ihre Herkunft auf die Zugehörigkeit zu einer Unterwasserfalte oder das Auftauchen isolierter Landflächen zurückzuführen ist.

Kiribati hat insgesamt 74 000 Einwohner, wovon 41 Prozent Mikronesier, 28 Prozent reine Polynesier und 29 Prozent Mischlinge aus beiden Völkerschaften sind. Europäer, Asiaten und andere Ozeanier teilen sich die restlichen zwei Prozent. Viele Inseln sind unbewohnt, nur 20 ständig bewohnt. Dazu zählen die Gilbert-Inseln, auf die sich die Mehrheit der Bevölkerung konzentriert, Canton (eine Insel der Phoenix-Gruppe), drei Line-Atolle (Kiritimati oder die Weihnachtsinsel, Teraina und Tabuaeran) und die Insel Banaba. Die Bevölkerung auf Banaba und den Gilbert-Inseln ist mikronesischen, auf allen anderen Atollen zum größten Teil polynesischen Ursprungs.

Die Erträge aus der Landwirtschaft decken nur knapp die Bedürfnisse der Insulaner, deren Geburtenrate dazu ansteigende Tendenz hat. Die Böden sind – abgesehen von der Insel Banaba, wo es reichlich Gemüsekulturen und Obstplantagen gibt – karg und erlauben kaum mehr als die wirtschaftliche Nutzung der Kokospalme und ihrer Produkte (Kopra), der Schraubenpalme und der Kolokasie. Exportiert werden nur geringe Mengen an Fisch und Kopra. Bis zu seiner Einstellung im Jahr 1978 war der Phosphatabbau auf

Die seit langem bestehenden Kontakte zwischen Ostmikronesiern und Polynesiern werden bei dieser Familie aus Canton auf den Phoenix-Inseln (links) und diesem kleinen Mädchen aus Majuro auf den Marshall-Inseln (rechts oben) deutlich. Die Fischer von Kiribati «nähen» die Planken ihrer Boote mit festen Seilen aus Palmfaser zusammen (rechts unten).

Banaba die wichtigste Einnahmequelle des Landes. Der Lebensstandard ist heute ziemlich niedrig, die Bewohner fast gänzlich mittellos. Zahlreiche Kiribati mußten daher nach der Entlassung aus den Minen im Ausland nach Arbeit suchen. Dieser Zustand scheint die alten Legenden zu bestätigen, wonach ihre Archipele nur eine Art «Unfall» zwischen den unendlichen Weiten von Himmel und Meer waren.

Infolge ihrer Abgeschiedenheit von den großen Handelswegen und dem Ausbleiben von Touristen – nur Christmas Island wird einmal wöchentlich von Honolulu aus angeflogen – konnten die Eingeborenen von Kiribati mühelos an ihrer überkommenen Lebensweise festhalten, die auf der von Clans bestimmten Gesellschaftsordnung und dem Rhythmus der Natur beruht. Jahreszeiten, Zyklone, Vogelzug sowie die Verlagerung von Fischbänken bestimmen Jagd und Fischfang. Die aufeinanderfolgenden Besiedlungswellen, denen sie sich seit dem 18. Jahrhundert ausgesetzt sahen, konnten ihre Lebensweise nicht beeinflussen. Bestenfalls gelang es den wenigen Missionaren, die sich hier niederließen, die Eingeborenen zu einer Mischung ihres alten Kultes mit christlichen Bräuchen zu bewegen. Selbst der Zweite Weltkrieg, der das Land mit aller Brutalität heimsuchte – die Schlacht von Tarawa im Jahr 1943 war eine der härtesten und blutigsten, die im Krieg zwischen Japan und den Vereinigten Staaten geschlagen wurde –, erscheint den Bewohnern Kiribatis heute nur noch als ein weit in der Vergangenheit liegender Zwischenfall, der bis auf die Wracks japanischen Kriegsgeräts, die am Strand von Tarawa unbeachtet vor sich hin rosten, keine anderen Spuren hinterlassen hat.

Die «Maneaba» gibt es auf den meisten östlichen Archipelen. Diese großen, auf «magischen» Plätzen gebauten Gemeinschaftshäuser sind Treffpunkt für politische Versammlungen und Feste.

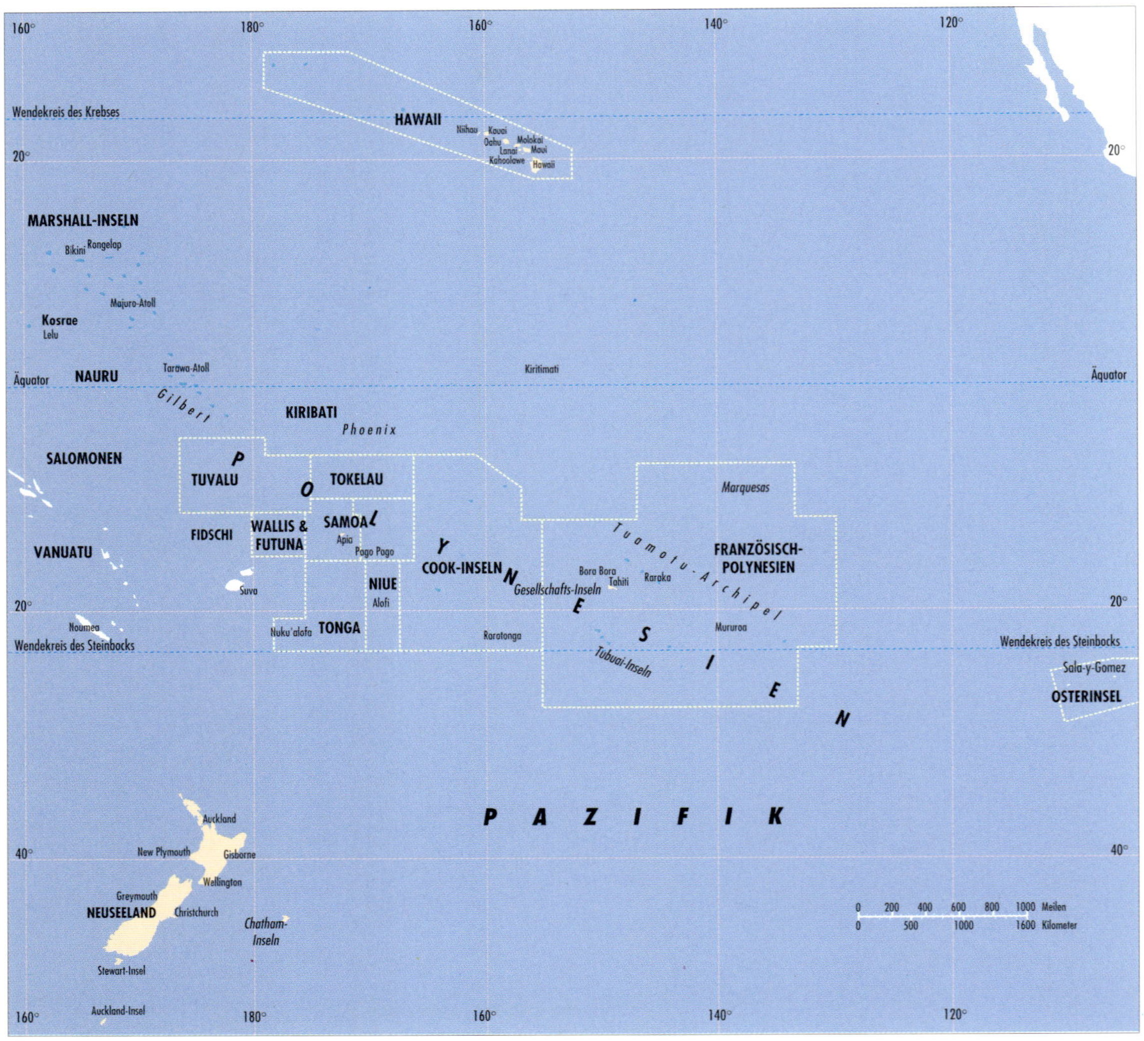

HAWAII
Niihau
Kauai
Oahu
Molokai
Lanai
Maui
Kahoolawe
Hawaii
Wendekreis des Krebses
MARSHALL-INSELN
Bikini
Rongelap
Majuro-Atoll
Kosrae
Lelu
Äquator
NAURU
Tarawa-Atoll
Gilbert
Kiritimati
KIRIBATI
Phoenix
SALOMONEN
TUVALU
TOKELAU
P O L Y N E S I E N
SAMOA
Apia
Pago Pago
WALLIS & FUTUNA
FIDSCHI
Suva
VANUATU
COOK-INSELN
NIUE
Alofi
TONGA
Nuku'alofa
Rarotonga
Noumea
Wendekreis des Steinbocks
Marquesas
Tuamotu-Archipel
FRANZÖSISCH-POLYNESIEN
Bora Bora
Tahiti
Raroia
Gesellschafts-Inseln
Mururoa
Tubuai-Inseln
Sala-y-Gomez
OSTERINSEL
P A Z I F I K
Auckland
New Plymouth
Gisborne
Wellington
Greymouth
Christchurch
NEUSEELAND
Chatham-Inseln
Stewart-Insel
Auckland-Insel
0 200 400 600 800 1000 Meilen
0 500 1000 1600 Kilometer
160°
180°
140°
120°
20°
40°

POLYNESIEN

Polynesien bedeutet «viele Inseln» und bezeichnet einen Raum mit mehreren tausend Inseln, die innerhalb eines weitgespannten Dreiecks liegen, das sich im mittleren und östlichen Pazifik zu beiden Seiten des Äquators erstreckt. Die Spitzen dieses Dreiecks bilden Hawaii im Norden, die Osterinsel im Osten und Neuseeland im Südwesten.

Polynesien besteht aus 18 verschiedenen Staatsgebilden. Drei der Staaten sind unabhängige Republiken, sieben halbautonome, großen Ländern assoziierte Staaten und acht sind Gebiete oder isoliert liegende Inseln, die zu einem Drittland – meist der früheren Kolonialmacht – gehören.

Zur ersten Gruppe zählen das Königreich von Tonga und von Tuvalu, die 1970 beziehungsweise 1978 von Großbritannien unabhängig wurden, sowie Westsamoa, das 1962 von Neuseeland in die Unabhängigkeit entlassen wurde.

Zur zweiten Kategorie gehören Amerikanisch-Samoa und Guam, die an die USA angegliedert sind, die Neuseeland assoziierten Staaten Niue und die Cook-Inseln, die neuseeländischen Überseegebiete Tokelau, Polynesien und Futuna, Französisch-Polynesien sowie die französischen Überseeterritorien Wallis und Futuna.

Die dritte Kategorie umfaßt viele Inseln, von denen nur die bedeutendsten genannt werden sollen: die zu Chile gehörenden Inseln Sala y Gómez, Juan Fernández und die Osterinsel, die Galapagos-Inseln und die mexikanischen Gigedos-Inseln; das Korallenmeer-Gebiet; die von Australien verwalteten Inseln Lord-Howe und Norfolk; die Hawaii- und verschiedene entlegene Inseln wie Midway, Wake, Johnston, Palmyra, Howland, Baker, Jarvis und Kingman, die den USA angegliedert sind; die von Neuseeland politisch abhängigen Inseln der Antipoden, Kermadec, Chatham, Bounty, Auckland und Campbell und Pitcairn als letzte britische Kolonie im Pazifik.

Reich an Vulkanen und Korallenriffen

Polynesien gehört wie Mikronesien zum eigentlichen Ozeanien. Eine Ausnahme bildet Neuseeland, das vollkommen eigenständig betrachtet werden muß. Wie der größte Teil Ozeaniens verdanken die zahlreichen polynesischen Archipele ihr Vorhandensein der Darwin-Falte, die immer wieder den Verschiebungen der Erdkrustenplatten und der Aktivität der «heißen Flecken» («hot spots») ausgesetzt ist.

Diese Untiefe erfuhr eine Reihe gebirgsbildender Schübe, gefolgt von Senkungen in der Erdneuzeit, die Entstehung und auch zum Teil das Verschwinden der archaischen Archipele nach sich zogen. Die meisten polynesischen Inselgruppen sind über dem Meeresspiegel liegende Gipfel unterseeischer Vulkanketten. Sehr oft sind die Inseln von Riffen umgeben. Nachdem einige Vulkanformationen infolge von Erosion wieder unter die Wasseroberfläche verschwanden, senkten sie sich zusätzlich noch ab, weil durch Plattenbewegungen der Magmanachfluß aus dem Erdinneren unterbrochen war. An der Oberfläche blieben nur noch Kronen der Korallenriffe zurück, die sich am Fuß der Vulkane aufgebaut hatten, mit anderen Worten die Atolle.

Raiatea im Archipel der Gesellschafts-Inseln ist für die Tahitianer heiliger Boden, denn sie betrachten dieses Eiland als Wiege ihrer Kultur.

Auf den höheren Inseln stauen sich die Wolken an den dem Seewind ausgesetzten Osthängen; starke Niederschläge sind die Folge.

Tropisches Klima, karge Pflanzen- und Tierwelt

Das Klima ist, mit Ausnahme von Neuseeland, tropisch geprägt. Die Lage der meisten Inseln in der Tropenzone der südlichen Erdhalbkugel bringt fast gleichbleibende Temperaturen und relativ mäßige, aber regelmäßige Niederschläge mit sich. Die durch die innertropische Konvergenzströmung nach oben steigenden Luftmassen bewegen sich vom Wendekreis des Steinbocks zum Äquator, werden nach links abgelenkt und lassen die Passatwinde entstehen, die zwischen April und November ständig wehen und die Temperatur abschwächen. Diese unterliegt während des gesamten Jahres nur geringfügigen Schwankungen und liegt im Mittel bei etwa 26 Grad Celsius.

Die vor allem im Sommer von Dezember bis März fallenden Niederschläge sind auf den tiefer gelegenen Inseln und auf den dem Seewind abgewandten Westhängen der höher liegenden Inseln wenig ergiebig. Die Osthänge, also die dem Wind zugewandten Seiten der Berge, erhalten erheblich mehr Niederschlag: Dort können bis zu 3000 Millimeter Regen pro Jahr fallen. Der Archipel von Hawaii bekommt aufgrund seiner Lage im äußersten Nordosten mehr Regen ab. Die westlichen chilenischen und mexikanischen Inseln sind klimatisch noch einmal anders zu bewerten: Wegen des nahen amerikanischen Kontinents und kalter Meeresströmungen treten dort sehr oft Niederschläge und ausgeprägte Temperaturschwankungen auf.

Gewaltige Wirbelstürme fegen zwischen November und März manchmal über Polynesien hinweg. Sie ziehen vor allem die westlichen Inseln wie die Samoa-Inseln, Tuvalu, Wallis und Futuna in Mitleidenschaft; weder die nahe dem Äquator gelegenen Inseln noch das tief auf der südlichen Halbkugel gelegene Neuseeland werden berührt, in Französisch-Polynesien sowie auf Hawaii bilden Stürme die Ausnahme.

Die Pflanzenwelt ist für die zwischen den Wendekreisen liegende Zone typisch und zeigt die übliche Artenverarmung von Westen nach Osten mit zunehmender Entfernung vom Festland. Die Inseln Polynesiens sind von üppiger Vegetation bedeckt, so daß man ihre extreme Artenarmut leicht übersieht. Der größte Teil der 200 hier auftretenden Arten besteht aus endemischen, das heißt nur hier vorkommenden Pflanzen. Nur etwa 20 treten in größerer Zahl auf. Auf den Atollen und auf den tiefer gelegenen Teilen der hohen Inseln sind Mangroven, Schrauben- und Kokospalmen am stärksten vertreten. Die Berghänge der hohen Inseln sind vor allem mit Nadelholz, daneben mit Eichen und Buchen bedeckt. Das Eingreifen des Menschen, der Nutzpflanzen wie Jams, Taro, Süßkartoffel, Bananenstauden, Kaffeesträucher und Zitrusfrüchte einführte, war

umweltbestimmend, da es zur Bereicherung, aber auch zu tiefgreifender Veränderung der Vegetation beitrug. So wurden die Latanie und der Guavenbaum zu einer wahren Plage auf Tahiti.

Die Tierwelt ist typisch für Ozeanien, das heißt, vor der Ankunft von Menschen, die dort zunächst Schwein, Ratte und Hund, dann Schaf, Rind, Pferd, Hirsch und Geflügel einführten, lebte kein höheres Säugetier auf den polynesischen Archipelen. Es gibt keine Schlangen und nur wenige Schildkröten und Eidechsen. Insekten treten selten auf, Vögel sind, obgleich häufiger, immer noch in geringer Artenzahl vertreten. Die meisten Arten ernähren sich aus dem Meer.

Die weitestverbreiteten sind Albatrosse, Seeschwalben, Sturmvögel, Möwen, Sturmtaucher, Kormorane, Tölpel und Fregattvögel. Unter den an Land lebenden Vögeln sei auf die Riffreiher sowie verschiedene Taubenarten verwiesen. Auch in diesem Bereich hat das Eingreifen des

Die Südküste von Savaii (Westsamoa) besteht aus schwarzen Basaltblöcken.

Menschen die Umwelt verändert. Zum Beispiel verbreitete sich die Molukkenamsel, die von den Europäern zur Bekämpfung der Kokospalmen-Schädlinge eingeführt wurde, in solchem Maß, daß sie heute das Gleichgewicht der hier bereits lebenden Vogelwelt bedroht und einheimische Arten in das Landesinnere zurückdrängt.

Die polynesischen Völker – Opfer ihres Rufes

Die Lebensweise der polynesischen Völkerschaften ist auf das Meer ausgerichtet, zu dem sie eine besondere innere Bindung und Beziehung haben. Als Erfinder des Einbaums und des Katamarans haben diese Insulaner einen angeborenen Sinn für Navigation, sie besitzen eine genaue Kenntnis der Sterne, Winde und Strömungen. Sie sind jedoch auch zu Bauern geworden, die den zumeist wenig fruchtbaren Boden ihrer Heimat zu bewirtschaften wissen und erfolgreich Taro, Jams, Zitrusfrüchte und verschiedene Gemüsesorten anbauen. Schrauben- und Kokospalme liefern die Produkte, aus denen sie Gegenstände des täglichen Lebens herstellen und die sie mit Gewinn verkaufen.

Die Gesellschaftssysteme Polynesiens sind differenzierter und auch stärker strukturiert als in Melanesien oder Mikronesien. Vor der Ankunft der Europäer gab es schon mehrere tausend Einwohner auf Tahiti und Samoa und Zehntausende auf Tonga und Hawaii. Die Menschen verteilten sich auf die Herrschaftsbereiche der verschiedenen Stammeshäuptlinge, die im wesentlichen bis heute Bestand haben. Die Gesellschaften sind durch eine stark hierarchische Struktur geprägt, in Polynesien ist die Häuptlingswürde und -herrschaft erblich. Früher lag sie in den Händen der tonangebenden Schicht von Adeligen und Priestern, die eine absolute Herrschaft über ihr Gemeinwesen ausübten. Dieser von den Europäern bekämpfte Status überlebte in Form von Adelsfamilien, die durch ihre weit zurückreichende Abstammung, ihr Ansehen und Vermögen Macht besitzen.

Polynesien kannte mächtige Könige und Königinnen, heute sind es Stammeshäuptlinge, die de facto auf den verschiedenen Archipelen regieren. Einen Titel zu tragen spielt eine große Rolle. Er ist es, der seinem Besitzer Autorität und Respekt verleiht. Nun aber, und das ist eine Besonderheit Polynesiens, ist dieser Titel nicht nur erblich, sondern kann durch Verdienst oder durch Heirat mit einem Mann oder einer Frau erworben werden, die bereits einen solchen trägt. Die Anhäu-

Eine junge Tongaerin, deren Taille mit dem althergebrachten «tavala» geschnürt ist, flicht eine Bastmatte (oben).

Die Schönheit der Insulanerinnen, hier eine Bewohnerin Mooreas, bezaubert seit fast drei Jahrhunderten alle ausländischen Besucher (unten).

fung von Titeln verleiht ihren Inhabern die der Zahl der Titel entsprechende Macht. Auf diese Weise werden die polynesischen Inseln heute von einigen Familien verwaltet, die oft einen Teil ihrer Titel über mehrere Generationen hinweg erwarben beziehungweise «kauften».

Die Europäer waren von den Polynesiern mehr als von jeder anderen Völkerschaft Ozeaniens beeindruckt. Die Schönheit der Inseln, die natürliche Anmut ihrer Bewohner und die ihrer Lebensart zugrunde liegende herzliche Unbekümmertheit ließen die verschiedenen Entdecker ein idyllisches und positives Bild dieser Eingeborenen zeichnen. Polynesien wurde so zum Traumland, eine Art wiedergefundenes Paradies, wo es sich ohne Sorgen gut leben läßt.

Der Zustrom von Besuchern und Händlern, der diese Vorstellung zur Folge hatte, schadete den lokalen Gesellschaften jedoch viel mehr als er ihnen nutzte. Die Polynesier brauchten lange, um gegenüber den Europäern die Achtung ihrer kulturellen Identität durchzusetzen, galten sie doch oft nur als «freundliche Wilde», die nicht arbeiten müssen. Dieses hartnäckige Märchen wird ihnen indirekt auch heute durch einen oft von Klischeebildern geprägten Tourismus angedichtet.

Im Schatten seines «fale», einer palmstrohgedeckten Hütte, sitzend, fertigt ein Samoaner aus Malua Faleula festliche Kopfbedeckungen an (rechts).

Die Natur präsentiert sich mit prachtvollen Details: Hibiskusblüte (links oben) und ein Rotfußsittich (links unten).

Im tiefen Dunkel der Nacht hatten Rangi, der männliche Himmel, und Papa, die weibliche Erde, dem Nichts ein Ende gesetzt, indem sie ihm Oben und Unten schenkten. Danach vereinigten sie sich und seitdem verharren sie engumschlungen, ohne ihre Umarmung zu lösen. Viele Söhne wurden ihnen geboren. Die Mächtigsten hießen Tu, Gott des Krieges, Tawhiri, Herr über Winde und Stürme, Rongo, Gebieter über Frieden und Landwirtschaft, Haumia, Hüter wildwachsender Nahrungsmittel, Tangaroa, Herrscher über die Meere, und Tane, Fürst der Wälder. Diese Götter konnten weder frei atmen noch sich bewegen. Sie konnten auch nicht sehen. Sie waren nämlich zwischen den Körpern ihrer Eltern eingeklemmt, die sich für alle Ewigkeit in den Armen lagen und somit für vollkommenes und ständiges Dunkel sorgten. Sie versammelten sich, um diese Situation zu beenden. Alle außer Tawhiri, der sich weigerte zu sprechen, waren der Meinung, daß Rangi von Papa getrennt werden müsse, um sich selbst den nötigen Lebensraum zu schaffen. Tu, der gewalttätigste unter den Göttern, schlug vor, die Eltern schlicht und einfach zu töten. Tawhiri widersetzte sich diesem Plan entrüstet. Tane schlug daraufhin vor, sie sanft zu trennen. Seine Brüder stimmten dem zu, doch Tawhiri ließ wissen, daß seiner Meinung nach nichts in der göttlichen Ordnung geändert werden müsse. Und wenn Rangi und Papa entschieden hätten, umschlungen zu bleiben, habe keiner das Recht, sie zu stören. Trotz seines Widerstandes beschlossen die Götter, dem Vorschlag Tanes zu folgen. Wütend drohte Tawhiri, daß er niemanden die Ruhe seiner Eltern stören lasse und verließ die Versammlung. Tane mißachtete die Drohungen seines Bruders und machte sich ans Werk. Wie ein Hebel stemmte er sich mit seinem Leib gegen die Körper Rangis und Papas, und es gelang ihm, sie zu trennen. Sogleich flutete Licht herein und erhellte die Welt. Die anderen Götter zollten Beifall. Mit über dem Kopf erhobenen Armen hielt Tane Rangi in die Luft. Er bat seine Brüder, Papa nach unten zu schieben, um den Raum zu vergrößern. Sie begannen jedoch, Papa zu steinigen. Sie schlugen so heftig auf den Körper ihrer Mutter ein, daß sie sie beinahe ganz unter die Wasseroberfläche stießen. Nur hier und da ragten noch einige Teile aus dem Wasser. Das sind die heutigen Inseln. Die Freude der jungen Götter war jedoch nur von kurzer Dauer. Schnaubend vor Zorn überquerte Tawhiri mit einem Sprung den Weltraum, um zu seinem Vater zu gelangen und sandte vom Himmel herab über seine Brüder die Armee der Winde und Stürme. Voller Panik flohen alle Götter und ließen den starken Tu allein im Kampf gegen diese fürchterliche Schar. Der mächtige Kriegsgott widerstand tapfer ihrem Angriff, und zwang sie schließlich zum Rückzug. Der Sieg erfüllte sein Herz jedoch nicht mit Freude, denn es war voll Bitterkeit. Seine Brüder hatten ihn im Augenblick der Gefahr feige im Stich gelassen. Er beschloß, sich zu rächen und sie zu bestrafen. So begann ein langer Krieg unter den Göttern, der die Erde erschütterte und sie beinahe zerstörte. Tu trotzte jeder Gefahr und besiegte jeden seiner Brüder; einen nach dem anderen legte er in Ketten. Es blieben bald nur noch zwei übrig: Tawhiri und Tane. Tawhiri konnte der Wut Tus nicht lange standhalten, der ihn mit dem Kopf nach unten festband. Dann wandte sich der Gott des Krieges Tane zu. Die beiden Brüder trafen in der Himmelsmitte aufeinander. Wenngleich Tu Kraft hatte, war Tane listig. Am Ende eines schrecklichen Kampfes trug Tane den Sieg davon. Er verbannte Tu für immer von der Erde, befreite seine Brüder und betraute sie mit verschiedenen Aufgaben. Dann versöhnte er sich mit Tawhiri und folgte ihm zum Himmel. Dort begann er seinen Vater zu trösten, der grau und traurig, wolkenverhangen und betrübt dem Verlust seiner Frau nachtrauerte. Tane erklärte ihm, weshalb er und seine Brüder so hatten handeln müssen. Um Vergebung zu erhalten und das väterliche Herz wieder freudig zu stimmen, setzte er die Sonne auf Rangis Kopf und entfaltete den Mond auf seiner Stirn. Ebenso breitete er über seinen Rücken einen riesigen Mantel, auf dem er Tausende von Sternen gleich Edelsteinen befestigt hatte. Rangis Miene hellte sich auf. Es wurde strahlend blau, und die Wolken verflüchtigten sich. Nachdem wieder Friede im Himmel eingekehrt und sein Vater endlich beruhigt war, dachte Tane, es sei an der Zeit, sich um seine Mutter Papa zu küm-

DIE LEGENDE VON TANE

mern. Er fragte sie, was ihr Vergnügen bereiten würde. Sie antwortete, sie wünsche weitere Kinder. Sie riet Tane in seiner Verlegenheit, sich mit den bereits existierenden weiblichen Wesen zu vereinen. Er gehorchte. Seine zahlreichen Vereinigungen mit den weiblichen Kräften führten zur Entstehung von neuen Steinen, Bäumen, Pflanzen und unbekannten Tieren. Keine jedoch stellte Papa oder Tane zufrieden. Sie wünschten sich ein ganz neuartiges Wesen, das ihnen zur Ehre gereichte und ihnen ähnlich war. Den Anweisungen seiner Mutter folgend, begab sich der Gott ans Meeresufer, dorthin, wo ein reiner Fluß mündete, von dem sie ihm erzählt hatte. Er mischte Meeressand mit lehmiger Flußerde und verknetete sie lange miteinander. Als er die fertige Masse in den Händen hielt, rief er seine Brüder und bat sie um Hilfe beim Formen des Teiges nach dem Bildnis ihrer Mutter. Die einen gestalteten ihre Umrisse, die anderen fügten Muskeln und Blut hinzu. Als der Körper fertig war, legte sich Tane darauf und hauchte ihm in den Mund. Die Gestalt nahm Leben an. Der Gott, der noch keine sexuelle Erfahrung gesammelt hatte, wußte nicht, wie er sie befruchten sollte. Seine ungeschickten Versuche verunstalteten seine Gefährtin lediglich. Ihre Augen füllten sich mit Tränen, ihre Nasenflügel mit Schleim, ihre Ohren mit Schmalz und die Achselhöhlen mit Schweiß. Endlich entdeckte der Gott ihre Scheide und vereinigte sich mit ihr. Ihrer Vereinigung entsprang ein Mädchen, das den Namen Hine erhielt. Als sie zur Frau herangewachsen war, heiratete Tane sie. Sie schenkte ihm viele Kinder. Sie versuchte ständig das Geheimnis ihrer Herkunft zu ergründen. Eines Tages vernahm sie, daß ihr Gemahl zugleich ihr Vater war. Bedrückt durch den am Anfang der Menschheit begangenen Inzest, flüchtete Hine unter die Erde, um ihre Schmach zu verbergen. Dort wurde sie unter dem Namen Hine nui te po – der Königin des Todes – zur Herrscherin von Rarohenga, dem unterirdischen Reich. Entschlossen, sich an Tane zu rächen, begann sie, die aus ihrer Verbindung mit ihm entstandenen Kinder sowie deren Nachfahren in ihr Reich hinabzuziehen. Aus diesem Grunde müssen sich alle Männer und Frauen eines Tages unter die Erde begeben.

In der Brandung vor den Stränden aus schwarzem Vulkansand halten sich viele Fische auf. Der Angler ist hier auf jeden Fall erfolgreich.

DIE INSELN SAMOA, TOKELAU, TUVALU, WALLIS UND FUTUNA

Die Archipele der Tuvalu- und Tokelau-Inseln, von Niue sowie von Wallis und Futuna gruppieren sich um die Samoa-Inseln, mit denen zusammen sie die nordwestliche polynesische Gruppe bilden. Diese Gegend wird von vielen als die Wiege der polynesischen Nation betrachtet, und das nicht nur in den Sagen und Legenden, die diesen Raum als das Zentrum der polynesischen Welt bezeichnen, sondern auch durch die Erkenntnisse der Archäologie, die ihre weit zurückreichende ethnische und kulturelle Geschichte bestätigt.

Samoa zwischen Tradition und Moderne

Der Samoa-Archipel ist politisch aufgeteilt in den seit 1962 unabhängigen Staat Westsamoa, der Mitglied des British Commonwealth ist, und in das eigenständige Territorium Amerikanisch-Samoa (ehemals Ostsamoa), das 1899 den USA angeschlossen, jedoch nicht eingegliedert wurde. Die Meeresfläche beläuft sich auf 510 000 Quadratkilometer, wovon Westsamoa 120 000 Quadratkilometer und seine östlichen Nachbarinseln 390 000 Quadratkilometer umfassen.

Westsamoa besteht aus zwei Hauptinseln, Upolu mit der Hauptstadt Apia, Savaii und zwei kleineren Inseln, Apolima und Manono, sowie weiteren unbewohnten Eilanden. Die Landmasse liegt bei 2842 Quadratkilometer.

Amerikanisch-Samoa besteht aus der Hauptinsel Tutuila mit der Hauptstadt Pago Pago, der Inselgruppe Manua mit den Inseln Tau, Ofu und Olosega, dem östlichen Atoll Rose sowie der 300 Kilometer nördlich gelegenen Insel Swains. Die Gesamtfläche dieser Inseln beläuft sich auf rund 200 Quadratkilometer.

Eine vulkanische Gebirgslandschaft

Die beiden durch einen 75 Kilometer breiten Meeresarm voneinander getrennten samoanischen Staaten sind Teil desselben Gebirgszuges. Die Hauptinseln sind überwiegend vulkanischen Ursprungs und bilden die aus dem Wasser ragenden Kegel einer hohen unterseeischen Bergkette. Ihr Sockel wurde vor allem in seiner Westhälfte durch starke Vulkantätigkeit, die an ein Netz unterseeischer, von Südost nach Nordwest ausgerichteter Verwerfungen geknüpft war, verändert. Die Gestalt des westsamoanischen Gebirgszuges, der im Osten höher und weniger durch Erosion abgetragen ist (der Silisili-Berg auf Savaii erreicht 1844 Meter) als im Westen (der Fito und der Vaaifetu übersteigen nicht 1100 Meter), legt folgende Annahme nahe: Die unterseeischen Ausbrüche ereigneten sich ausgehend von «heißen Flecken» («hot spots»), die im Osten entlang einer Verwerfungslinie auf dem Meeresboden verlaufen. Diese Hypothese wird durch das identische Aussehen der ostsamoanischen Inseln bestätigt, die weniger hoch (der Tau-Kegel mißt nur 931 Meter) und stärker abgetragen sind, da sie zum ältesten Teil der Unterwasserkette gehören, die zur Entstehung Samoas führte.

Der intensiven Vulkantätigkeit folgte eine Phase relativer Ruhe; die postvulkanischen Erscheinungen sind auf Savaii jedoch immer noch gegenwärtig; hier öffnete sich am Hang des Matavanu-Vulkans im Jahr 1905 ein Krater, der einen riesigen, 12 Kilometer langen Lavastrom auf einer Breite von 300 Metern ausstieß.

Von Fremden besetzt

Archäologische, etwa vom Ende des zweiten Jahrtausends vor unserer Zeitrechnung datierende Fundstätten und die Entdeckung bedeutender Denkmäler wie der «Pyramide» von Savaii lassen vermuten, daß auf den Samoa-Inseln neben den Tonga-Inseln die ältesten polynesischen Völkerschaften wohnten. Obwohl die Inseln bereits 1722 durch den Holländer Roggeveen entdeckt wurden, erfolgte die Kolonisierung nicht vor Mitte des 19. Jahrhunderts. Sie wurden damals zum Streitobjekt zwischen Großbritannien, Deutschland und den Vereinigten Staaten, die sich die Herrschaft über diesen strategisch günstigen Punkt mitten im Pazifik sichern wollten.

Die Berliner Konferenz von 1889 beauftragte zunächst die drei rivalisierenden Mächte mit der gemeinschaftlichen Verwaltung des Archipels. Zehn Jahre später wies ein neuer Vertrag die westlich des 171. Längengrades gelegenen Gebiete Deutschland und die östlichen den Vereinigten Staaten zu.

Unter dem Vorwand, die Inseln vom deutschen Joch befreien zu wollen, sandten die Neuseeländer 1914 Truppen auf den gesamten Archipel. Ende des Zweiten Weltkriegs wurde Westsamoa an Neuseeland übergeben, das es 1962 in die Unabhängigkeit entließ. Ostsamoa blieb, obgleich mit einer gewissen Eigenständigkeit bedacht, Eigentum der USA.

Der Kontrast zwischen den beiden Teilen des Archipels ist seitdem immer größer geworden. Der traditionellen Lebensart der Westsamoaner steht der amerikanische Lebensstil ihrer östlichen Nachbarn gegenüber. Dieser Unterschied beruht auf der Zusammensetzung der beiden Völker-

Das samoanische «fale» hat keine Mauern. Zum Schlafen oder wenn der Wind zu stark ist, werden zwischen den Pfosten, die das Dach stützen, aus Palmwedeln geflochtene Vorhänge gespannt.

Der Anbau von Süßkartoffeln, Jams und Taro liefert den Hauptbestandteil der Ernährung. Häufig wird in der Landwirtschaft noch der Grabstock verwendet.

schaften: Auf Westsamoa sind 88 Prozent der 158 000 Einwohner Polynesier, lediglich zwei Prozent Engländer, die restlichen zehn Prozent Melanesier und Euronesier. Dagegen sind fast 60 Prozent der 38 000 Ostsamoaner Europäer oder Euronesier.

Die überlieferte Lebensweise siegte im Westen, wo die Dorfbewohner die alten Gemeinschaftsgesetze noch achten. Die althergebrachten rundum offenen *fales* (Dorfhäuser) sind ebenso üblich wie die auf Fischfang und Landwirtschaft beruhende Wirtschaftsform. Auf Ostsamoa leben die Einwohner, mehrheitlich amerikanisch gekleidet, größtenteils in massiv gebauten Häusern und arbeiten in Fabriken. Wenngleich sie in wirtschaftlicher Hinsicht unbestreitbar besser dastehen als ihre Nachbarn, so haben sie doch zum Großteil das polynesische *savoir vivre* verloren, das den Charme ihrer westlichen Verwandten ausmacht.

Auf den Samoa-Inseln, vor allem auf Upolu, gibt es prachtvolle Banyanbäume mit langen Luftwurzeln.

Tokelau: von der Geschichte vergessen

Die Tokelau-Inseln (oder Union Islands) liegen etwa 500 Kilometer nördlich von Samoa. Auf der Karte zeigen sie sich als eine von Nordwest nach Südost verlaufende Folge dreier kleiner Atolle, die aus winzigen Koralleninseln bestehen. Ihre aus einer Meeresfläche von 290 000 Quadratkilometern aufragende Landmasse beträgt nicht mehr als zehn Quadratkilometer. Sie heißen Atafu (2 Quadratkilometer), Fakaofo (2,6 Quadratkilometer) und Nukunonu (5,5 Quadratkilometer), sind von ungefähr 1700 Polynesiern bewohnt und stellen das von Neuseeland verwaltete überseeische Territorium Tokelau dar. Diese Inseln, die zwar entdeckt, aber nicht erforscht und dann im 19. Jahrhundert von den Briten annektiert wurden, waren aufgrund ihrer Lage und geringen Größe immer vom Rest der Welt abgeschnitten. Nachdem sie während der Zeit der großen Kolonisierungen so gut wie vergessen waren – was ihren Einwohnern das traurige Schicksal der anderen Südseeinsulaner ersparte –, überwanden sie ohne größeres Aufsehen die Schwelle zum 20. Jahrhundert. Es gibt heute weder Flugplatz noch Straße, noch Hotel. Selbst der Verwaltungshauptsitz befindet sich nicht auf dem Archipel, sondern in Apia auf Westsamoa. Die Natur ist unberührt geblieben, und die Einheimischen leben fast so wie ihre Ahnen vor zwei Jahrhunderten: Sie widmen sich dem Fischfang und dem Handwerk. Das gesellschaftliche Leben stützt sich auf die Sippenstruktur und den Respekt der gemeinschaftlich gefällten Entscheidungen.

Tuvalu: ein junger, übervölkerter Staat

Die Tuvalu-Inseln (ehemals Ellice-Inseln) wurden 1978 von Großbritannien in die Unabhängigkeit entlassen, sind jedoch immer noch Mitglied im British Commonwealth. Die Hoheitsgewässer dieses jungen Staates beanspruchen eine Fläche von 900 000 Quadratkilometern, wobei die gesamte Landmasse 26 Quadratkilometer nicht übersteigt. Die etwa 12 000 Insulaner führen ein ein-

faches Leben, hier findet sich mit 460 Einwohnern pro Quadratkilometer mit die höchste Bevölkerungsdichte in der Südsee. Die Menschen verteilen sich auf neun Korallenatolle, wovon nur acht ständig bewohnt sind. Von Nordwest nach Südost betrachtet, handelt es sich um Nanumea, Nanumanga, Niutao, Nui, Vaitupu, Nukufetau, Funafuti mit der Hauptstadt Vaiaku, Nukulaelae und Niulakita, zwischen denen die Riffe der Kosciusko-Bank aus dem Wasser ragen. Diese niedrigen Korallenatolle stellen die südliche Verlängerung der Linie der im Westteil der Republik Kiribati gelegenen Gilbert-Inseln dar. Wie diese bestehen auch die Tuvalu-Inseln hauptsächlich aus Vulkangestein und aus Korallenbauten. Deren älteste Vertreter sind auf Funafuti deutlich sichtbar.

Trotz der Allgegenwart amerikanischer Kultur auf Westsamoa, ist «fa'a samoa», «nach Art unserer Väter», immer noch der allgemeingültige Maßstab (alle drei Bilder).

Die Tuvalu-Inseln wurden 1568 erstmals von dem Spanier Alvaro de Mendana gesichtet. Sie hatten bis zum 19. Jahrhundert, als die Einwohner als Arbeitskräfte in den Minen und Plantagen Südamerikas, Australiens und Ozeaniens gebraucht wurden, keine größeren Kontakte mit den Europäern.

Die einheimische Bevölkerung verringerte sich um fast zwei Drittel. Das Archipel erhielt den Namen Ellice-Inseln anläßlich seiner Annexion durch die britische Krone im Jahr 1877. Danach wurde es Kiribati zugeschlagen, von dem zu trennen sich die Bewohner 1974 durch Volksentscheid entschlossen. 1977 änderten sie ihren Namen in Tuvalu, was «acht vereinigte (bewohnte) Atolle» bedeutet. Die Mehrheit der Einwohner von Tuvalu sind Polynesier, die 91 Prozent der Bevölkerung darstellen. Der Rest verteilt sich auf Europäer (sechs Prozent), verschiedene Ozeanier (zwei Prozent) und Weiße (ein Prozent). Die extreme Streulage der Atolle verhindert das Aufkommen eines nationalen Zugehörigkeitsgefühls. Außer auf Funafuti, das durch einen Flugplatz und einen Handelshafen mit der Außenwelt verbunden ist, führen die verschiedenen, auf ihren Inseln isolierten Gemeinwesen weiterhin ein Leben nach den von den Ahnen übernommenen Werten. Fischfang, Landwirtschaft und Handwerk liefern ihnen minimale Einnahmequellen. Viele Insulaner wandern nach Nauru und Kiribati aus, um dort zu arbeiten und ihren Lebensstandard – einen der weltweit niedrigsten – zu erhöhen.

Wallis und Futuna: zwei unterschiedliche Vulkaninseln

Das französische Überseegebiet Wallis und Futuna (oder Horn) liegt zwischen den melanesischen Fidschi- und den polynesischen Samoa-Inseln und besteht aus zwei Archipelen mit einer Landmasse von 255 Quadratkilometern. Sie sind umgeben von 300 000 Quadratkilometer Ozean und stellen die Gipfel der großen unterseeischen Gebirgskette Marshall-Gilbert-Ellice dar. Obwohl gleichen geologischen Ursprungs, sehen sie vollkommen unterschiedlich aus. In dem Maß wie Wallis die Verkörperung einer gastlichen und «paradiesischen» Insel ist, präsentiert sich Futuna rauh und bergig.

Der Archipel von Wallis (96 Quadratkilometer) umfaßt die Hauptinsel Uvea mit der Hauptstadt Mata Utu, die beiden kleinen Inseln Faioa und Nukuaeta sowie verschiedene Riffe. Der Archipel Futuna (159 Quadratkilometer) besteht aus zwei Inseln: Futuna und Alofi. Die Landschaft der Hauptinsel beider Gruppen ist die gleiche: ein niedriger, von einem ringförmigen Korallenriff umgebener Vulkankegel (der höchste Punkt Uveas liegt bei 142 Metern). Die Vulkan- und Kalkformationen sind mit denen der anderen zur Marshall-Gilbert-Ellice-Kette gehörenden Archipelen identisch.

15 200 Menschen leben auf Wallis und Futuna: 98 Prozent von ihnen sind polynesischen Ursprungs, der Rest der Bevölkerung setzt sich aus Europäern und weiteren Südseebewohnern zusammen. Die beiden seit dem ersten Jahrtausend von Polynesiern bewohnten Archipele wurden im 12. Jahrhundert von den Fidschianern besiedelt. Im 17. Jahrhundert wurde Futuna von den Holländern Le Maire und Schouten entdeckt, die es Horn nannten. Ein Jahrhundert später ging der Engländer Wallis auf der anderen Inselgruppe an Land und gab ihr seinen Namen. Die Kontakte mit der einheimischen Bevölkerung waren recht gut und gestatteten eine Christianisierung der Archipele. Ende des 19. Jahrhunderts wurden Wallis und Futuna unter französisches Protektorat gestellt und schließlich im Jahr 1961 französisches Überseegebiet. Die Insulaner sind heute offiziell alle katholisch. Trotz französischer Verwaltung haben sich die alten Bräuche relativ gut erhalten.

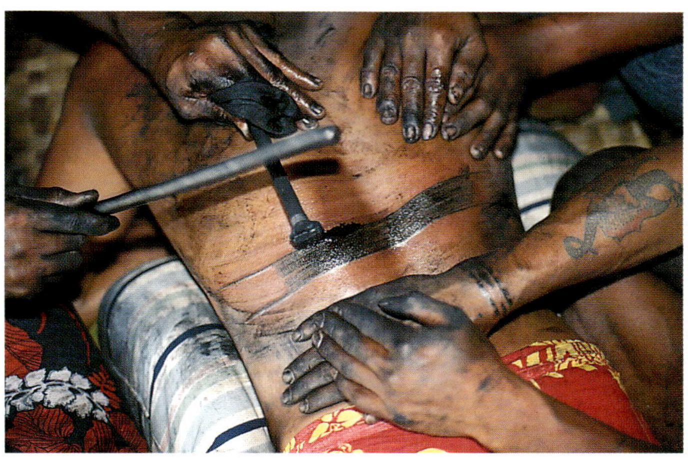

Die Tätowierungen der Samoaner sind berühmt in ganz Polynesien. Die der Männer zeigen immer, in stilisierter Form, den Steven eines Bootes (Taille), das «fale» (Hüfte) und Meerestiere (Gesäß bis zu den Knien). Für eine Ganzkörpertätowierung muß eine Woche lang Schmerz ertragen werden (alle drei Bilder).

▷▷ Ein Bild, das der Vergangenheit zu entstammen scheint: Bei Ebbe sammeln drei Männer Muscheln am Strand von Falalupo.

Bewohner der Insel Apolima schlagen auf das Wasser und ziehen den Kreis ihrer Boote enger, um so die Fische in der Mitte zu fangen (oben).

Ein junger Uvea-Insulaner vom Wallis-Archipel (unten).

Funafuti, das größte Atoll der Tuvalu-Inseln, erstreckt sich über etwa 30 Kilometer (oben). Die Hauptbeschäftigung des friedlichen Alltagslebens besteht vor allem im Fischfang (unten).

An einem lauen südlichen Winterabend kehrt ein Fischer zur Insel Nomuka (Ha'apai-Gruppe) zurück.

Die Tonga-Inseln bilden zusammen mit Niue Südwest-Polynesien. Über einen Zeitraum von mehr als tausend Jahren regierten die verschiedenen Dynastien der Tongaer über einen riesigen geographischen Raum, den sie uneingeschränkt sowohl politisch, wirtschaftlich als auch kulturell beherrschten. Der tongaische Bereich – dazu gehört Niue mit aus Tongatapu stammenden Auswanderern – wurde von polynesischen Seefahrern besiedelt, die wahrscheinlich zu Beginn unserer Zeitrechnung von den Samoa-Inseln kamen.

Tonga: das letzte Königreich im Pazifik

Der Archipel der Tonga-Inseln umfaßt eine Meeresfläche von 700 000 Quadratkilometern, wozu 700 Quadratkilometer Landmasse kommen. Er besteht aus zwei parallel aneinandergereihten Inselketten auf einer Untiefe, die den Tonga-Graben im Osten – mit 10 633 Metern einer der tiefsten ozeanischen Gräben der Welt – von dem im Westen liegenden Lau-Becken trennt.

Vulkane und niedrige Inseln

Die westliche Inselkette besteht aus der Hauptinsel Tofua und etwa zehn Inselchen, wovon einige geologisch hochinteressant sind, wie zum Beispiel im Süden Fonuafo'ou (oder Falcon Bank), ein unterseeischer Vulkan, der seit 1885 viermal ausbrach, bevor ihn das Meer verschlang.

Die östliche Linie umfaßt zahlreiche, auf die drei Archipele Tongatapu (257 Quadratkilometer), Ha'apai (119 Quadratkilometer) und Vava'u (143 Quadratkilometer) verstreute Inseln und Eilande. Die beiden wichtigsten der ersten Inselgruppe sind Eua und Tongatapu. Letztere stellt mit der Hauptstadt Nuku'alofa die größte Insel des Landes dar. Der Ha'apai-Archipel besteht aus einigen kleineren Inseln, von denen Ha'ano, Foa, Nomuka die bedeutendsten sind. Der Vava'u-Archipel umfaßt die große gleichnamige Insel und sehr viele Inselchen. Drei weitere, mehrere hundert Kilometer im Norden gelegene Inseln werden auch dieser Gruppe zugerechnet. Es handelt sich um Niuafo'ou, Niuatoputapu und Tafahi, die aufgrund der heftigen Vulkantätigkeit in diesem Gebiet häufig von Eruptionen heimgesucht werden.

Die beiden Inselketten haben eine sehr unterschiedliche geologische Gestalt. Die westlichen Inseln bieten das Bild bergiger und zerklüfteter, junger aktiver Vulkane. Der Kao mißt 1031 Meter Höhe. Die östlichen Inseln bilden demgegenüber niedrige Korallenschelfe, die aus vom Eozän bis zum Quartär zu datierenden Schichten bestehen.

TONGA UND NIUE

Ein Königreich, das immer unabhängig war

Als Nachfahren der Polynesier «der ersten Stunde» (wahrscheinlich Samoanern, die um das 9. und 10. Jahrhundert eingewandert waren), gelang es den Tonga-Insulanern, allen Hindernissen zum Trotz, die ganze Zeit ihre Unabhängigkeit zu bewahren. Auf den tongaischen Archipelen leisteten die kriegerischen Stämme den bis zum 12. Jahrhundert zahlreichen samoanischen Expeditionen erfolgreich Widerstand.

Danach erlebten die Tonga-Inseln trotz lokaler Konflikte eine Zeit relativen Friedens bis zur Ankunft der Europäer. 1616 wurden sie von den Holländern Le Maire und Schouten gesichtet und 1643 von Tasman besucht. Im 18. Jahrhundert entdeckten sie die Engländer mit Cook von neuem. Von der Offenheit der Eingeborenen bezaubert, nannte er die Inseln der Ha'apai-Gruppe 1773 Freundschaftsinseln, ein Name, der heute oft für das gesamte Land verwendet wird. Dank der geschickten Verhandlungskunst ihrer Monarchen, die schnell lernten, sich mit den Neuankömmlingen gütlich zu einigen, konnten die Tongaer ihre Freiheit erhalten.

Dafür waren sie – übrigens mehr als anderswo im Pazifik – Opfer erzwungener Christianisierung. Die Vertreter aller christlichen Konfessionen, beginnend bei den Wesleyanern und den Methodisten, strömten auf die Archipele und zerstörten die Eingeborenenkulturen. Noch heute wird nichts ohne das Einverständnis der Missionare oder das ihrer Stellvertreter entschieden. Es herrscht absoluter Respekt vor dem sonntäglichen Ruhetag, der Besuch des Gottesdienstes ist üblich.

Zu Beginn des 19. Jahrhunderts versank das Land in einem blutigen Bürgerkrieg, als die Stammeshäuptlinge von Ha'apai die auf Tongatapu regierende Familie stürzen wollten. Die Engländer stellten den Frieden wieder her, belohnten sich jedoch selbst, indem sie die Tonga-Inseln zum britischen Protektorat bei gleichzeitiger Aufrechterhaltung des Königtums erklärten. 1958 entließen sie das Land in die Unabhängigkeit und übergaben die Macht dem gegenwärtig regierenden Herrschergeschlecht, zu dem König Taufa'ahau Tupou IV., Sohn der äußerst populären Königin Salote, gehört.

Das christliche Gepräge ist auf den Tonga-Inseln besonders markant, Religion und Moral der verschiedenen Konfessionen haben den alten polynesischen Kult fast völlig ausgelöscht. Die Einwohner konnten dennoch einige ihrer Traditionen aufrechterhalten, wie zum Beispiel die hierarchisch aufgebaute Gesellschaftsstruktur und

manche Kleiderbräuche. Die Autorität der Sippen und ihrer Stammeshäuptlinge hat überall Gesetzeskraft. Während die überkommenen Traditionen auf den meisten polynesischen Archipelen noch sehr lebendig sind, verschwanden hier fast alle althergebrachten Bräuche, die präeuropäischen Kulthandlungen und die großen Legenden.

Niue – die wilde Insel

Der Archipel von Niue hieß früher Nukututaha, die alleinstehende Insel, oder Fonuagalo, die vergessene Insel. Man nennt sie auch den «Verlorenen Felsen», denn die von mehreren Koralleninselchen umgebene Hauptinsel ragt mit ihrer schroffen und zerklüfteten Steilküste völlig isoliert aus dem Meer.

Dieses mächtige und massive, 259 Quadratkilometer messende Felseneiland, ruht auf einem Kalksteinsockel. Die innere Plattform mit einer Durchschnittshöhe von 72 Metern wird von einer großen, etwa 30 Meter breiten Küstenterrasse umgeben. Der Archipel umfaßt eine Meeresfläche von 390 000 Quadratkilometern zwischen den Tonga- und Cook-Inseln.

Bis zum Ende des ersten Jahrtausends war die Insel unbewohnt und nur einige von den Tonga-Inseln kommende Krieger legten auf ihren Expeditionen im 16. Jahrhundert dort an. Dann bildete sich vorübergehend eine kleine samoanische und tongaische Kolonie.

Als James Cook als erster Europäer im Jahr 1774 landete, lebten hier weniger als 200 Einwohner, die sich so aggressiv zeigten, daß der englische Kapitän sie die «Insel der Wilden» (Savage Island) nannte, ein Name, den sie 100 Jahre beibehielt. Vom Rest der Welt vergessen, lebten die Nachfahren dieser Bewohner vom Anbau von Taro, Jams und Kokospalmen auf den schmalen Streifen fruchtbaren Bodens zwischen den Korallenfelsen.

Im Lauf der Zeit entstanden kleine Dörfer entlang der Küste. Heute sind es zwölf einschließlich des als Hauptort geltenden Alofi. Niue hat seit 1974 eine unabhängige Regierung, die Insel bleibt jedoch eng an Neuseeland gebunden, das für Verteidigung und auswärtige Angelegenheiten zuständig ist und die notwendige wirtschaftliche Unterstützung gibt. Seine Bürger sind gleichzeitig Mitglieder des Commonwealth und neuseeländische Staatsbürger. Gab es auf Niue vor 15 Jahren noch 4000 Polynesier, so sind es heute weniger als 2000. Viele von ihnen verließen ihre felsige Insel, um nach Neuseeland auszuwandern.

Überall auf den Inseln verschönern vielfältige Orchideenarten mit ihren farbigen Blüten das Grün des Waldes (oben und unten).

In Mu'a im Königreich Tonga sind die Überreste mehrerer Königsgräber und alte Befestigungen zu sehen (links oben).

Der Flughund, eine Fledermausart, deren Flügelspannweite einen Meter betragen kann. Er ist das einzige höhere Säugetier, das ohne Zutun des Menschen auf den Archipel gelangte (links unten).

◁ *Der monumentale Torbogen von Ha'amonga auf der Insel Tongatapu besteht aus drei mehrere Tonnen schweren Monolithen. Er diente wahrscheinlich religiösen Zwecken.*

Die beeindruckenden Klippen von Hufangalupe auf Tongatapu sind ebenso schön nur an der Ostküste der Insel Eua zu finden.

Der Phosphatabbau auf Nauru ließ nur wenige Kokospalmen, so etwa nahe der Lagune Buada, am Leben.

Das «tapa», zu Stoff geschlagene bemalte Baumrinde, ist fester Bestandteil des täglichen Lebens (unten). Es dient zum Schmuck des Inneren eines Hauses, jedoch auch, um die Toten auf den sehr farbenfrohen tongaischen Friedhöfen zu ehren. Hier der Friedhof, auf dem die Familie der Königin bestattet ist (oben).

Die Schönheit der Tongaerinnen, vor allem ihre ebenmäßigen Gesichtszüge, wurden bereits von den europäischen Seefahrern des 18. Jahrhunderts gerühmt.

Täglich werden Weichtiere und Perlmutt am Strand von Fahina gesammelt.

Die kämpferischen Bewegungen des «kailao», eines Kriegstanzes der Männer, stehen in krassem Gegensatz zur Anmut des weiblichen «tau'olunga», einem weitverbreiteten Tanz für Frauen.

Schulabschlußfeier für die Studenten des Königlichen Kollegs von Tonga. Jede Schule hat ihre eigene Uniform; diesen Brauch hat das Land von den Briten übernommen.

Fischfang mit Harpunen ist – obwohl in Polynesien kaum verbreitet – auf den Cook-Inseln gang und gäbe.

DIE COOK-INSELN, FRANZÖSISCH-POLYNESIEN, DIE OSTERINSEL

Das riesige, von Mittel- und Ostpolynesien gebildete Gebiet ist schlechthin Sinnbild dessen, was die Literatur seit Hunderten von Jahren und das Kino seit dem 20. Jahrhundert als das «Südseeparadies» darstellen.

Der Mythos der verzauberten Inseln, bevölkert von sorglos und unbeschwert lebenden Einwohnern, brachte manchen zum Träumen und beflügelt auch heute noch die Phantasie. Nur allzu oft hatten die Polynesier dieses Raumes unter dem falschen Bild zu leiden, das sich die Europäer von ihnen machten. Wie soll man jedoch den Naturschönheiten der Cook-Inseln und Französisch-Polynesiens oder den Geheimnissen der Osterinsel widerstehen? Denn wenn auch die meisten der Traditionen im heutigen Leben nur wenig zu spüren sind, gehört dieser Teil Polynesiens zu den reizvollsten Gebieten in der Südsee.

Die Cook-Inseln, immer beliebtes Touristenziel

Der Archipel der Cook-Inseln, den James Cook nach einem Lord der britischen Admiralität erst Hervey's Island nannte und der bis ins 19. Jahrhundert diesen Namen trug, umfaßt eine Landmasse von 237 Quadratkilometern bei einer Meeresfläche von 1 830 000 Quadratkilometern. Er besteht aus sechs kleinen Vulkaninseln und neun auf zwei Gruppen verstreuten Atollen. Die nördliche Gruppe bilden die Atolle Tongareva (oder Penrhyn), Rakahanga, Manihiki, Pukapuka, Nassau, Suwarrow und Palmerston. Die südliche Gruppe umfaßt die sechs Inseln Aitutaki, Atiu, Mitiaro, Mauke, Mangaia und Rarotonga sowie die beiden Atolle Manuae und Takutea.

Der Sockel der Atolle besteht aus Kalkgestein. Die Inseln der südlichen Gruppe präsentieren sich in Form von tertiären, von einem Korallenriff umgebenen Vulkankegeln. Die größte ist Rarotonga mit dem 652 Meter hohen Te Munga.

Bis zum letzten Drittel des 18. Jahrhunderts blieb der Archipel von Europa unbeachtet, obwohl Quiros spanische Expedition Rakahanga bereits 1606 entdeckt hatte. Kapitän Cook ging 1773 auf derselben Insel an Land, bevor er auf seinen verschiedenen Reisen mehrere andere Inseln erkundete. Der Archipel wurde später nach dem berühmten britischen Seefahrer und Entdecker benannt.

Die Kontakte zwischen Briten und Polynesiern verliefen ohne größere Reibereien, bis 1823 anglikanische Missionare eintrafen. Auf ihr Betreiben begann die systematische Zerstörung religiöser Gepflogenheiten und überlieferter Gesellschaftsformen. Diese Umwälzungen zogen Aufstände nach sich, die unerbittlich niedergeworfen wurden. Krankheiten und Umsiedlungen taten ein Übriges. Die ursprüngliche Bevölkerung des Archipels verringerte sich fast um die Hälfte. Trotz eines neuerlichen Bevölkerungsanstiegs seit Ende des 19. Jahrhunderts leben dort heute nur 20 000 Insulaner, wovon 80 Prozent reine Polynesier sind; verschiedene Völkerschaften, bestehend aus Ozeaniern, Europäern und Asiaten, bilden den Rest. 1888 zum britischen Protektorat erklärt, wurden die Cook-Inseln 1901 Neuseeland angegliedert, bevor sie ein unabhängiger Staat wurden. Sie sind seit 1965 durch einen freien Assoziationsvertrag mit Neuseeland verbunden.

Seit dem 19. Jahrhundert zogen die Cook-Inseln, vor allem Rarotonga und Aitutaki, Reisende auf der Suche nach dem irdischen Garten Eden an. Heutzutage bringt der Massentourismus jährlich Tausende von meist aus den USA und Japan stammenden Touristen dorthin, die auf der Suche nach dem «süßen Leben» sind.

Das von den Insulanern erhoffte «Manna» in Form von Geld kommt ihnen jedoch nur selten zugute, denn die großen internationalen Konzerne teilen sich die Erträge, ohne viel davon im Inland zu investieren. So sehen die auf den Cook-Inseln lebenden Polynesier, ohne Vorteile aus ihren Beziehungen mit den Fremden zu ziehen, ihre Inseln von Urlaubern überschwemmt, die nach und nach ihre Umwelt sowie ihre Kultur zerstören. Sie selbst verlieren allmählich – vergiftet durch das westliche Vorbild – ihre polynesische Lebensart.

Französisch-Polynesien oder das Südseeparadies

Das französische Überseegebiet Polynesien, früher «Französische Niederlassung Ozeanien» genannt, ist vor allem durch Tahiti bekannt, umfaßt aber Hunderte meist unbewohnte Inseln und Inselchen des südostpazifischen Raums.

Sie verteilen sich auf die fünf großen Archipele der Gesellschafts-, Tuamotu-, Marquesas-, Gambier- und Austral- (oder Tubuai-) Inseln. Das mehr als 4300 Kilometer nordöstlich der Marquesas-Inseln gelegene Atoll Clipperton, das ihnen angegliedert ist, war lange Zankapfel zwischen Frankreich und Mexiko. Französisch-Polynesien umfaßt mit 5 030 000 Quadratkilometern die größte Meeresfläche der Südsee. Nur etwa 4200 Quadratkilometer davon sind Landmasse.

Fünf Archipele – jeder mit eigener Note

Jeder Archipel hat seine eigene geologische Geschichte, also auch eine jeweils eigene Struktur. Drei davon, die Gesellschafts-, die Marquesas- und die Austral-Inseln, sind vulkanischen, die beiden anderen, die Tuamotu- und die Gambier-Inseln, sind korallinen Ursprungs. Die Marquesas-Inseln, die eine Fläche von 1274 Quadratkilometern haben, bilden die spitzen Gipfel einer aus der Tiefsee aufragenden Gebirgskette. Sie bestehen aus elf bergigen Inseln (nur sechs sind bewohnt), zahlreichen Eilanden und dem Korallenatoll Clark im Norden.

Die Inseln sind auf zwei Gruppen verstreut: Die nordwestliche bilden in erster Linie Nuku Hiva, die größte Insel, und Ua Huka; die südwestliche Gruppe besteht insbesondere aus den Inseln Hiva Oa, Tahuata und Fatu Hiva.

Alle haben gebirgigen Charakter und sind stark zerklüftet mit mehreren über 1000 Meter hohen Gipfeln. Die letzten, meist ins Quartär zurückreichenden Vulkanausbrüche hinterließen mächtige Basaltströme. Sedimentgestein gibt es kaum. Die hauptsächlich an der Küste wirkende Erosion führte rasch zu zahlreichen «hängenden» Tälern, an deren Ende sich Flüsse über teilweise mehr als 300 Meter hohe Wasserfälle ins Meer ergießen. Ein weiteres unverwechselbares Kennzeichen dieser jungen Inseln ist das Fehlen von Korallenbarrieren und Riffen.

Die Gesellschafts-Inseln (1647 Quadratkilometer) verlaufen längs einer Südost-Nordwest-Achse. Der Archipel umfaßt 15 in zwei Gruppen unterteilte Vulkaninseln: einerseits die «Inseln über dem Wind» im Südosten mit Makatea, Moorea und Tahiti – letztere ist mit der Hauptstadt Papeete die berühmteste Insel Französisch-Polynesiens; andererseits die «Inseln unter dem Wind» im Nordwesten mit Maupiti, Bora Bora, Raïatea, Tahaa und Huahine. Sie verdanken ihren Namen den östlichen Passatwinden, die erst Tahiti berühren, bevor sie die Inselgruppe erreichen.

Die Bildung des Eruptivgesteins, das in erster Linie aus riesigen Basaltströmen besteht, aus denen die Archipele gebildet werden, begann ab Ende des Pliozäns und dauerte bis zum Pleistozän. Die Gesellschafts-Inseln sind heute durch stark erodiertes vulkanisches Gestein geprägt. Es sind hohe Inseln mit zerklüftetem Relief, aus dem zahlreiche Felstürme herausragen, so etwa der 2241 Meter hohe Orohena auf Tahiti und der Tohiea, der sich mit 1207 Meter Höhe über Moorea erhebt. Fast alle diese felsigen Inseln sind von Korallenriffen umgeben, deren Größe von ihrem jeweiligen Alter abhängt. Die im Osten der Gesellschafts-Inseln gelegene Inselgruppe Tuamotu oder Pomotu (915 Quadratkilometer) ist der ausgedehnteste Archipel im gesamten Pazifik. Er umfaßt etwa 60 Atolle – die größten sind Rangiroa, Fakarava, Makemo und Hao – sowie

eine Vielzahl von Eilanden, die sich auf einer Achse von 2000 Kilometer Länge erstreckt. Sie liegen über einem Strang aneinandergeschobener Tiefseerücken, die in Bewegungsrichtung der Erdkrustenplatten von Nordwest nach Südost verlaufen. Der vulkanische Sockel dieser flachen Atolle (aus diesem Grund hatte Louis de Bougainville sie auf den Namen «Niedrige Inseln» getauft) trat niemals über den Meeresspiegel hinaus. Sie sind von Riffgürteln umgeben, die im Vergleich zu ihnen leicht erhöht sind. Traurige Berühmtheit erlangte der Archipel durch die in

Eines der kleinen «motu» (Koralleneilande), das zum paradiesisch schönen Atoll Tetiaroa im Archipel der «Inseln über dem Wind» gehört.

der öffentlichen Meinung weltweit heftig umstrittenen französischen Atomwaffenversuche auf dem Mururoa-Atoll.

Die Gruppe der Gambier-Inseln ist Teil derselben unterseeischen Landschaft wie die Tuamotu-Inseln. Außer mehreren unbewohnten Eilanden umfaßt sie einige bedeutendere Inseln, von denen Mangareva die größte ist. Abgesehen von diesem Eiland, das von einem kompakten, über 400 Meter hohen Vulkanblock beherrscht wird, bestehen die gesamten Gambier-Inseln aus Korallengebilden ähnlich wie die Tuamotu-Gruppe. Der Archipel ist dem Verwaltungsbezirk der Tuamotu-Inseln angegliedert.

Die südliche Gruppe der Austral-Inseln mit einer Größe von 164 Quadratkilometern erstreckt sich beidseitig des Wendekreises des Steinbocks. Sie umfaßt vier Hauptinseln, Rurutu, Rimatara, Raivavae (oder Vavitu) und Tubuai, von der sie ihren Namen hat, verschiedene unbewohnte Atolle und die Insel Rapa, die sich 500 Kilometer weiter südlich befindet. Die Austral-Inseln gehören zu derselben unterseeischen Vulkanfalte wie die Cook-Inseln, mit denen sie eine große strukturelle Ähnlichkeit aufweisen. Abgesehen von Rapa mit seinem mächtigen, hohen und stark erodierten Vulkanrelief, das fast keine Korallenriffe besitzt, sind die Austral-Inseln von einem breiten Korallengürtel umgeben. Im Süden von Rapa befindet sich der «heiße Fleck» («hot spot»), auf die die Entstehung des gesamten Archipels ursprünglich zurückgeht, und die immer noch aktiv ist. Ihre jüngste Erscheinung ist der MacDonald, ein unterseeischer Vulkan, der sich heute 50 Meter unter dem Meeresspiegel befindet und in etwa vier Millionen Jahren auftauchen dürfte.

Blick auf Bora Bora: Man erkennt in der Mitte das Vulkanmassiv und das die Lagune umgebende Barriereriff – es gilt als das schönste des pazifischen Raums.

Viele überlieferte Kulthandlungen, wie zum Beispiel der Ruf mit der Meeresschnecke (oben) oder das Behauen von Steinen mit Sternenmotiven (unten), werden durch die junge Generation wiederbelebt.

Der polynesische Tanz, hier auf der Insel Rarotonga, vereint auf sinnliche Weise die schroffen Gesten der Männer mit den sanften Bewegungen der Frauen.

Seit 200 Jahren läßt Tahiti die westliche Welt träumen. Mehr als 13 000 Bücher und Artikel wurden über diese Insel geschrieben.

Die herrliche Bucht von Opunohu auf der Insel Moorea ist ein sicherer Ankerplatz, da sie durch Berge vor dem Wüten des Meeres und starken Stürmen geschützt ist.

▷▷ *Auf den gebirgigen Inseln ist das Wetter sehr wechselhaft: So kann es auf der Höhe regnen, während im selben Augenblick am Strand die Sonne scheint.*

Das zerklüftete Erscheinungsbild der Vulkane ist ein Beweis für den enormen Druck der Kräfte im Erdinneren, die zur Entstehung der Inseln beitrugen; hier bei Teavaro.

Die »tiare« (tahitische Gardenie) ist die Nationalblume der Tahitianer. In Kokosnußöl eingelegt, liefert sie das wohlriechende Monoi, mit dem sich die Insulaner Körper und Haare einreiben.

Jeder der Berge hat seine eigene Geschichte. So soll das Loch auf dem Gipfel des Moua Puta auf Moorea der Sage nach von der Lanze eines zornigen Gottes stammen.

Das Pferd wurde erst spät von den Europäern eingeführt. Auf dem Marquesas-Archipel hat es sich stark vermehrt, so daß viele Pferde inzwischen verwildert hier leben.

Die Natur liefert dem Menschen alles, was er zum Leben braucht (oben). Das schafft eine Atmosphäre der Sorglosigkeit und läßt die Insulaner in froher Gelassenheit leben, wie diese Yukulele-Spieler auf Huahine (rechte Seite oben).

Die «schwarzlippige» Muschel, «Pinctada margaritifera», produziert nach Einpflanzung eines Korns die wertvolle schwarze Tahiti-Perle (rechte Seite unten).

▷▷ *Anläßlich der Feste von Heiva im Juli finden beeindruckende Kanurennen statt. Rudermannschaften messen sich in den prächtigsten Kanus auf einer Rennstrecke von mehr als 50 Kilometern.*

Zusammenstoß mit Europäern

Wie auch anderswo in Ozeanien, erlebten die Einwohner des heutigen Französisch-Polynesien wenig Erfreuliches, sobald sie mit Europäern in Berührung kamen.

Die Tuamotu- und die Marquesas-Inseln wurden wahrscheinlich zuerst 1520 durch Magellan, dann 1605 von den Spaniern Quiros und Torres, sowie 1595 zum zweiten Mal von Mendana entdeckt, der sie zu Ehren des peruanischen Vizekönigs Marquesas de Mendoza taufte. Nachdem Wallis 1767 nach Tahiti gekommen war, ein Jahr später gefolgt von Bougainville, wurden die Marquesas-Inseln Ziel mehrerer Expeditionen: 1774 erfolgte die Reise des Engländers Cook, 1792 die des Amerikaners Ingram und des Franzosen Marchand, der den Namen Revolutions-Inseln prägte. Nach und nach wurde der gesamte Archipel erkundet und sein Name nach dem Gutdünken der aufeinanderfolgenden Entdecker immer wieder geändert. So wurden beispielsweise die Tuamotu-Inseln von Byron auf den Namen «Inseln der Enttäuschung» getauft, weil er dort keinen Ankerplatz fand und später von Bougainville als der «Gefährliche Archipel» bezeichnet. Übrigens war es Bougainville, der Tahiti, das damals noch den von Wallis geprägten Namen King-George-Insel trug, in Neu-Kythera umtaufte – so sehr war er von den Naturschönheiten und dem Empfang, den ihm die Bewohner Tahitis bereiteten, überwältigt. Damit wurde das paradiesische Bild geschaffen, das ihm seitdem anhaftet und Touristen in seinen Bann zieht.

Dennoch ging es auf diesen Trauminseln seit ihrer Entdeckung durch die Europäer alles andere als idyllisch zu. Den Schätzungen Cooks zufolge belief sich die Gesamtbevölkerung der verschiedenen Archipele auf etwa 230 000 Menschen. Am Ende des 19. Jahrhunderts war diese Zahl auf 12 000 gesunken: Das verheerende Vorgehen von skrupellosen Europäern, Schwarzhändlern, Söldnern, Kolonisten und vor allem Ordensleuten, die sich hier ohne Rücksicht einen wahren Glaubenskrieg lieferten, in dem sich englische Protestanten und französische Katholiken gegenüberstanden, sowie die Einschleppung bis dahin unbekannter Krankheiten dezimierten die Zahl der Eingeborenen. Das Schicksal der Inseln entschied sich 1847, als Großbritannien und Frankreich einen Vertrag unterzeichneten, der dieses Gebiet zum französischen Protektorat erklärte. 1880 überließ der letzte tahitische König, Pomare IV., seinen Thron Frankreich, das sich sogleich aller Archipele bemächtigte. Die Annexion wurde endgültig

Bei der jungen Generation erfreut sich die althergebrachte Tätowierung neuer Beliebtheit (beide Bilder).

◁ *Entgegen der landläufigen Meinung und trotz freizügiger Kleidung haben die Bewohner des «Südseeparadieses» verhältnismäßig strenge Sitten und messen Familie und ehelicher Treue große Bedeutung bei.*

Die Feuerrituale, wahrscheinlich vor sehr langer Zeit aus Hawaii übernommen, faszinieren die Besucher. Sie sind ein Relikt alter Kulthandlungen zur Ehrung der Erdgottheiten, insbesondere der «Königin der Vulkane» (beide Bilder).

1907 bekanntgegeben. Die französische Verwaltung erließ damals verschiedene Maßnahmen, um die eingeborenen Bevölkerungen zu schützen, zwang sie jedoch gleichzeitig, auf ihre überlieferten Bräuche zu verzichten.

Der «hi'maa» ist der traditionelle Ofen der Tahitianer. Die in Palmzweige eingewickelten Nahrungsmittel werden mit Erde bedeckt und schmoren darin mehrere Stunden (oben und Mitte). Die Frauen binden täglich Blumengirlanden und -kronen für ihre Familien (unten).

◁ *Das tahitische «fare», das aus Bambusstangen, Pandanusblättern und Kokospalmenzweigen gebaut wird, sieht man nur noch selten. Es wird durch Häuser westlichen Stils ersetzt.*

Insulaner auf der Suche nach ihren Wurzeln

Die Gesamtbevölkerung Französisch-Polynesiens beläuft sich heute auf 187 500 Einwohner. Davon sind 67 Prozent Polynesier, 19 Prozent Euronesier, 10 Prozent meist französische Europäer, der Rest setzt sich aus verschiedenen asiatischen Minderheiten zusammen.

Diese Verteilung variiert je nach Archipel erheblich. So bildet auf den Marquesas-, den Tuamotu-, den Gambier- und den Austral-Inseln, die je 7000, 12 400, 650 und 7500 Einwohner zählen, die polynesische Mehrheit mindestens 80 Prozent der Bevölkerung. Demgegenüber liegt dieser Anteil auf den Gesellschafts-Inseln, auf denen etwa 160 000 Menschen leben und sich alle nichtpolynesischen Gemeinschaften konzentrieren, bei 56 Prozent. Überall haben die Polynesier das gleiche Ziel: die Suche nach ihrer glänzenden Vergangenheit.

Heute nehmen Überlieferungen, vor allem unter der jungen Generation, wieder mehr Platz ein. Das Erlangen der Unabhängigkeit im Jahr 1956 begünstigte diese Entwicklung «zurück zu den Wurzeln». Langes, zu Knoten gewundenes Haar, Tätowierungen nach alten Mustern, Neubelebung überlieferter Kulthandlungen, Ehrerbietung gegenüber den *marae* (heilige, als Tempel dienende Plattformen) und den *tiki* (Figuren der gleichnamigen ozeanischen Gottheit) kehrten verstärkt wieder. Die alte gesellschaftliche und kulturelle Organisation in den Dörfern nahm wieder ihren Platz ein.

Die Polynesier scheinen gegenwärtig das empfindliche Gleichgewicht zwischen einer gewissen Rückbesinnung auf die Vergangenheit und den Anforderungen des modernen Lebens zu meistern. Sie wählen aus der Fülle der sich ihnen bietenden Möglichkeiten, was ihnen nützlich ist. Sie verzichten jedoch auf keinen ihrer überlieferten Werte, an denen sie ihrer Ansicht nach allzu lange nicht festhalten durften, da dies von der französischen Regierung verboten worden war. Zahlreiche Forderungen nach Unabhängigkeit werden laut und werden von den meisten Südsee-Staaten unterstützt. An erster Stelle stehen dabei Neuseeland und Australien, denen die Gegenwart einer europäischen Atommacht im Pazifik sehr stark mißfällt.

Hunderte von Steinstatuen übersäen die kahle Osterinsel. Die beeindruckendsten sind die riesigen «moai», gekrönt von einem rötlichen «pukao», einem Steinhut.

Die geheimnisvolle Osterinsel und die chilenischen Archipele

Die Osterinsel (120 Quadratkilometer Landmasse bei einer Meeresfläche von 370 000 Quadratkilometern), von den Eingeborenen Rapa Nui, Te Pito oder Te Henua («Nabel der Welt») genannt, gehört seit 1888 zu Chile. Die Insel ist von drei winzigen Eilanden umgeben und liegt über einer Bruchzone im höchsten Teil des südostpazifischen Tiefseerückens vor der chilenischen Küste. Das Eiland hat die Form eines Dreiecks, dessen Ecken von drei erloschenen Vulkanen gebildet werden. Die zerklüftete Küste hat kein Korallenriff. Die Insel ist – wie es wahrscheinlich schon vor Ankunft der ersten Osterinsulaner im 4. bis 5. Jahrhundert der Fall war – mit Heidekraut bedeckt und hat wenig Vorräte an Wasser. Daraus erklären sich die häufigen Hungersnöte, die diese Insel heimsuchten, seit die Europäer dort am Ostersonntag 1722 an Land gingen.

Von Roggeveen entdeckt, wurde sie 1770 durch die Spanier unter Felipe González annektiert. Die Europäer fanden dort kriegerische Stämme vor. Die imposanten Steinmonolithe und Felszeichnungen waren von einer Zivilisation geschaffen worden, über die die Stämme fast nichts mehr wußten. Keine europäische Macht bestritt den spanischen Eigentumsanspruch auf die Insel. Als Gegenleistung ließ Madrid Engländer und Franzosen im Haupthafen der Osterinsel ankern. Die ersten Kontakte zwischen Eingeborenen und Europäern verliefen relativ gut. Letztere setzten einen Schlußstrich unter den unendlich langen Krieg, in dem sich die beiden größten Stammesverbände der Insel, die «Langohren» und die «Kurzohren», gegenüberstanden, und führten Vieh und neue Nutzpflanzen ein, die das Leben der Einwohner in hohem Maß verbesserten. Im 19. Jahrhundert verschlechterte sich die Situation. Durch die von den Fremden eingeschleppten Krankheiten kam es zu verheerenden Bevölkerungsverlusten. Ab 1860 begannen die Peruaner die Dörfer zu plündern und die Bewohner als Minen- und Plantagenarbeiter zu versklaven. Die Bewohner der Osterinsel erhoben sich, allerdings so ungeordnet, daß erneut die alten Stammesrivalitäten aufbrachen. Die Niederschlagung des Aufstands verlief blutig. Am Ende des 19. Jahrhunderts, als Chile die Insel annektierte, war die vor Ankunft der Europäer schätzungsweise 4000 Menschen zählende Bevölkerung auf weniger als 100 Eingeborene geschrumpft. Heute ist sie dank der durch Santiago geförderten Einwanderungsbewegung wieder

Einige Statuen sind höher als 20 Meter. Die größte wiegt 82 Tonnen; ihr 30 Tonnen schwerer «pukao» ist dabei noch nicht berücksichtigt.

auf 2300 angewachsen. Dieser Zustrom neuen Blutes hat jedoch die alten polynesischen Stämme tiefgreifend verändert. Weniger als zehn Prozent der heutigen Bevölkerung sind polynesische Osterinsulaner, die Mehrheit der Inselbewohner sind Mischungen aus Europäern, Südamerikanern und Ozeaniern unterschiedlicher Herkunft. Sie leben in etwa zehn über den engen Küstenstreifen der Insel verstreuten Dörfern. Hanga Roa, das an der Westküste liegende größte Dorf, dient als Hauptstadt. Seit ihrer Entdeckung machte die Osterinsel wegen des bis heute nicht gelüfteten Geheimnisses, das ihre einstige Zivilisation umgibt, von sich reden. Zahlreiche Statuen, seltsame Felszeichnungen und Tafeln, in die eine unbekannte Schrift geritzt ist, nähren bis heute die Phantasie von Gelehrten und Träumern. Alle Hypothesen, selbst die abwegigsten, wurden aufgestellt. Manche behaupteten, die ersten Bewohner der Osterinsel seien Indianer amerikanischen Ursprungs gewesen, andere sehen in den Überresten die Offenbarung außerirdischer Wesen! Die berühmtesten Werke sind die *moai kavakava*, riesige menschliche Büsten mit feinen Linien, die auf *ahu* (steinernen Plattformen) stehen. Sie sind vor allem im Gebiet um Rano Raraku und auf den Hängen des heiligen Vulkans Rano Kao zu finden. Die Steinbrüche, in denen diese Figuren bearbeitet wurden, sind entdeckt worden. Es ist sicher, daß die *moai* auf die Berghänge transportiert und an heiligen Orten aufgestellt wurden, von wo aus sie das Meer überwachen. Archäologen und Historiker sind sich noch nicht über die Vorgehensweise im klaren, auf die solche viele Tonnen schweren Monumente transportiert wurden. Die *rongo rongo* (von schriftähnlichen Zeichen bedeckte Tafeln) haben trotz Unterstützung der Forschung durch moderne Technik ihr Geheimnis noch nicht preisgegeben. Ihre noch ausstehende Entzifferung durch russische und deutsche Fachleute dürfte uns die geheimnisvolle Vergangenheit der Osterinsel zweifellos erschließen und Aufschlüsse über die gesamte polynesische Welt ermöglichen.

Chile verwaltet noch andere kleine Archipele des südöstlichen Pazifik, die sich auf den bis zum amerikanischen Kontinent reichenden Verzweigungen des großen pazifischen Tiefseerückens befinden. Ihre geologische Beschaffenheit ist der der Osterinsel ähnlich.

Es handelt sich um die näher an der chilenischen Küste liegenden Inseln Sala y Gómez (0,12 Quadratkilometer), die sich 400 Kilometer nordöstlich der Osterinsel befindet, Desventuradas (die unbewohnten Inseln San Ambrosio und San Felix umfassen insgesamt eine Landmasse von 3,3 Quadratkilometern) und Juan Fernández (185 Quadratkilometer). Aus zwei niedrigen, nicht mehr als 30 Meter hohen Plattformen, die durch einen engen Felsstreifen verbunden sind, besteht die Insel Sala y Gómez, die schwer zugänglich ist. Sie dient zeitweise Fischern als Hafen. Auf dem Juan-Fernández-Archipel ist lediglich die Insel Mas a Tierra ständig bewohnt. Während des 17. und 18. Jahrhunderts wurde sie mehrfach von Freibeutern aufgesucht. Heute heißt sie Robinson-Crusoe-Insel, denn genau hier wurde ein schottischer Matrose namens Selkirk ausgesetzt und vier Jahre später wieder aufgelesen. Seine Abenteuer inspirierten den Schriftsteller Daniel Defoe zu seinem berühmten Roman. Um die Bay von Cumberland herum leben etwa 250 zumeist chilenische Fischer.

Die modernen Bildhauer verstehen es, den einzigartigen Kunststil der Osterinsulaner zu erhalten.

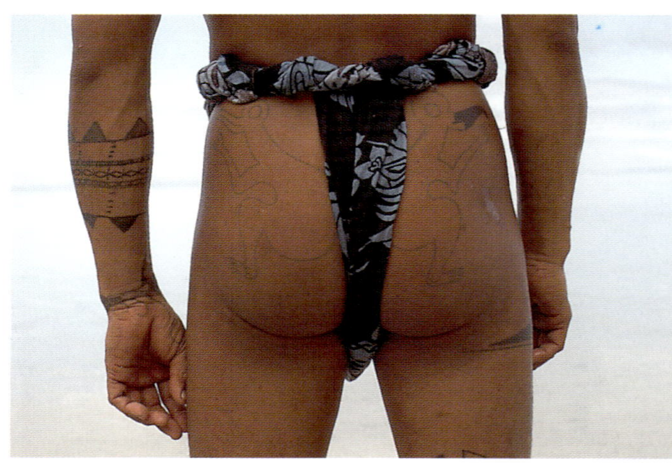

▷ Das Thema des Vogelmenschen – in der Mythologie der Osterinsel allgegenwärtig – wurde eines der beliebtesten Motive der Tätowierer.

Das Aufstellen der Steinskulpturen scheint mehrere Jahrhunderte vor der Ankunft der Europäer plötzlich aufgehört zu haben – wahrscheinlich infolge eines blutigen Bürgerkriegs, in dem sich die beiden großen Stammesverbände der Insel gegenüberstanden.

Obwohl die Osterinsel zur innertropischen Zone gehört, muß im südlichen Winter frühmorgens und abends warme Kleidung getragen werden (beide Bilder).

Die Statuen stehen heute auf langen Plattformen, «ahu», aneinandergereiht. Als die Europäer auf der Insel landeten, waren die meisten – wahrscheinlich in einem Bürgerkrieg – umgeworfen worden.

▷▷ *Die Gegend von Putaruru auf der Nordinsel.*

Neuseeland, von seinen ersten Einwohnern, den Maori, Aotearoa genannt, liegt zu beiden Seiten des 40. Breitengrades auf der südlichen Halbkugel. Für den Reisenden stellt es das Gegenteil von Australien dar: So flach, ausgedörrt und rötlich das eine ist, so hügelig, bewaldet und sattgrün ist Neuseeland. Es bietet ein mannigfaltiges Schauspiel ständig wechselnder Landschaften von subtropischen Buchten im Norden über Vulkane in der Mitte bis zu zerklüfteter, von verschneiten und vergletscherten Gipfeln beherrschter Fjordlandschaft im Süden.

Neuseeland besteht aus zwei Hauptinseln: der Nordinsel (oder Fumante-Insel) mit der Hauptstadt Wellington und der Südinsel (oder Jade-Insel). Beide sind Nordost-Südwest ausgerichtet und durch die 26 Kilometer breite Cook-Meerenge voneinander getrennt. Außerdem gehören noch mehrere kleine Inseln (Dreikönigs-, Snares- und Stewart-Insel) zum Staatsgebiet. Weitere, Hunderte von Kilometern südlich der Hauptinsel gelegene Archipele sind Neuseeland angegliedert, wie zum Beispiel die Auckland-, die Antipoden-, die Bounty-, die Chatham-, die Kermadec-Inseln und die Insel Campbell. Die Gesamtfläche von Neuseeland und den dazugehörenden Inseln beläuft sich auf 268 680 Quadratkilometer. Neuseeland ist ein unabhängiger und souveräner Staat innerhalb des British Commonwealth.

Eine bewegte geologische Geschichte

Neuseeland stellt das äußerste südliche Ende des inneren melanesischen Gürtels dar. Es liegt auf einer langgestreckten Kontinentalplatte, die sich unter dem Meeresspiegel über mehr als eine Million Quadratkilometer erstreckt. Die Landmasse dieser Platte bildet die neuseeländischen Inseln. Die hügelige bis bergige Landschaft der beiden großen Inseln erklärt sich aus der langsamen seitlichen Horizontalverschiebung der Formationen im inneren melanesischen Gürtel während eines bis in die Erdneuzeit dauernden Zeitabschnitts. In regelmäßigen Abständen wurden die geologischen Strukturen durch Gebirgsbildungsprozesse tiefgreifend verändert. Es kam zu starken Verwerfungen und Anhebungen. Die wichtigsten geologischen Schichten bestehen aus Sedimentgesteinen (Ton- und Sandsteinarten) und metamorphem Gestein (kristalline Schiefer, Gneis, Quarze und Marmor) aus dem Erdmittelalter und dem Tertiär sowie Vulkangestein aus dem Tertiär und dem Quartär (Granite, Porphyrite und Basalte). Anfang des Kreidezeitalters wurde das gesamte heutige

NEUSEELAND

Neuseeland, vor allem die südliche Insel, stark angehoben. Auf diese intensive Phase der Gebirgsbildung folgte eine lange Ruhezeit, während der viel Gestein wieder durch Regen und Wind abgetragen wurde und sich als Ablagerung in den Senken ansammelte.

Ein neuerlicher gebirgsbildender Schub fand vor etwa 15 Millionen Jahren statt, seinen Höhepunkt erreichte er vor etwa fünf Millionen Jahren. Auf der Nordinsel quoll damals Magma hervor und ließ die Vulkane in der Mitte und im Norden entstehen, zur gleichen Zeit tauchten auf der Südinsel die Südalpen auf. Seither wurden diese Gebirge wieder stark abgetragen. Die daraus hervorgehenden Ablagerungen sammelten sich in den Beckenlandschaften im Landesinneren und in den Küstenebenen.

Riesige Vulkaninseln

Die beiden großen Hauptinseln – die Nordinsel (114 650 Quadratkilometer) und die Südinsel (154 420 Quadratkilometer) – bestehen aus zwei aufeinanderfolgenden mächtigen parallelen Bergmassiven, die sich schnell zu den schmalen Küstenebenen hin abflachen. Die Nordinsel bietet bei einer Durchquerung von Nordwesten nach Südosten drei verschiedene Gesichter: die Halbinsel Auckland mit ihrer stark zerklüfteten Küste und ihren flachen, nie mehr als 800 Höhenmeter übersteigenden Hügeln und kleinen Beckenlandschaften, auf die in der Landesmitte vulkanische Formationen (wo sich der 2797 Meter hohe Mount Ruapehu befindet) folgen, die heute abgeflacht sind. Hier gibt es zahlreiche Beweise intensiver vulkanischer Tätigkeit wie heiße Quellen, Geysire und schwefelhaltige Gewässer. Sie befinden sich vor allem in der Gegend des Taupo-Sees. Schließlich findet sich eine Reihe üppig bewaldeter Bergketten (Rakhumara, Huiarau, Ruahine und Tararua), die sich längs einer von Nordost nach Südwest verlaufenden Achse aneinanderreihen und die Vorboten der Alpen auf der Südinsel sind. Das Netz der Wasserläufe, das von den reichhaltigen Niederschlägen und zahlreichen Seen gespeist wird, ist mit mehreren großen Flüssen wie Waikato, Rangitikei, Rangitaiki und Wanganui relativ ausgedehnt.

Die Südinsel weist eine sehr bergige und zerklüftete Struktur auf. Aufgrund der Tatsache, daß sie – obwohl hoch – relativ schmal ist, besitzt sie kein größeres Netz von Wasserläufen. Die beiden einzigen bedeutenden Flüsse sind der Wairau im Norden und der Clutha im Süden. Seen gibt es dagegen reichlich. Die Kette der Südalpen bildet das Rückgrat der Insel. Dort gibt es etwa 50 über 3000 Meter hohe Gipfel wie den Mount Cook mit 3764 Metern und einige der weltweit größten Gletscher wie den Tasman-Gletscher, der bei einer Breite von zwei Kilometern fast 30 Kilometer lang ist. Ein Komplex niederer, parallel verlaufender Bergketten rahmt die neuseeländischen Alpen im Norden (Spencer, Richmond), Osten und Westen ein.

Im Südosten, nahe der Senke des Te-Anau-Sees, flachen sich die Berge allmählich ab und spalten sich auf in eine Reihe kleiner, dem Meer zulaufender Ketten, die in malerischen Fjorden enden. Die an der südlichen und östlichen Peripherie der neuseeländischen Platte gelegenen Inseln besitzen alle Vulkangestein, das dem der beiden großen Inseln zwar vergleichbar, jedoch unterschiedlich stark erodiert ist. Die Höhen variieren zwischen 975 Metern auf der Stewart-Insel (1735 Quadratkilometer) und 320 Metern auf der Chatham-Insel (963 Quadratkilometer).

Ein gemäßigtes Klima

Im Großteil des Landes herrscht gemäßigtes Klima ozeanischen Typs, das während des gesamten Jahres relativ hohe Niederschläge mit sich bringt. Die mit der Feuchtigkeit des Pazifik beladenen Ostwinde wehen ständig im Gegensatz zu den nur ab und zu auftretenden heißen und trockenen, aus Australien stammenden Westwinden. Gerade auf der Nordinsel, wo das Relief eine größere Zahl an Verwerfungen und Faltungen aufweist, sind die stärksten jahreszeitlich bedingten Kontraste mit sehr starken Niederschlägen im Winter zu beobachten.

Diese Merkmale sind auf der viel kälteren Südinsel noch stärker, da sie in höherem Maße antarktischem Einfluß ausgesetzt ist. Auf ihrem Südteil herrscht Hochgebirgsklima. Die Untergrenze ewigen Schnees, der auf der Nordinsel praktisch nie unter 2500 Metern liegt, sinkt hier auf 2100 Meter. Die Neuseeländischen Alpen weisen ein Hochgebirgsklima auf, dessen Merkmale durch die reichlichen Niederschläge (zwischen 4000 und 5000 Millimeter Wasser jährlich) verstärkt werden. So erklärt sich die einzigartige Ausdehnung der Gletscher, die auf dem Westhang bis zu 300 Meter über dem Meeresspiegel hinabreichen.

Der landschaftlich reizvolle Milford Sound am Fuß der Darran-Berge gilt als das Kleinod Fjordlands auf der Südinsel von Neuseeland.

In den fruchtbaren Ebenen – hier nahe Whangarei – werden ungefähr 72 Millionen Schafe gehalten (oben). Das gemäßigte Meeresklima mit deutlich tropischem Einfluß in der nördlichen Hälfte der Nordinsel läßt eine reiche Vegetation mit zahlreichen Baumfarnen gedeihen (unten).

◁ Der Mount Manganui, der wie ein Sporn in die Bay of Plenty hineinragt, spielt in der Mythologie der Maori eine wichtige Rolle. Hier sollen zahlreiche Sippen ihrer Vorfahren an Land gegangen sein.

Die neuseeländische Tierwelt ist abwechslungsreich: Tiere aus tropischen und gemäßigten Klimazonen leben in unmittelbarer Nachbarschaft, wie dieser braune Tölpel mit blauem Schnabel (oben) und der grüne, auf Bäumen lebende Gecko (unten).

In der Gegend um den Mount Tarawera sind noch Vulkane aktiv. Das zeigen auch die aus Erdspalten aufsteigenden Schwefelgase.

Eingeschränkte Tier- und Pflanzenwelt

Die abgeschiedene Lage Neuseelands erklärt auch die geringe Artenvielfalt von Pflanzen und Tieren, denn ein Austausch oder eine Zuwanderung aus anderen Regionen war nicht möglich.

Die meisten Pflanzenarten, von denen viele Ähnlichkeit mit australischen oder südamerikanischen Pflanzen aufweisen, treten nur hier auf und sind somit endemisch. Es gibt zahlreiche Palmenarten – zu den außergewöhnlichsten gehört die Nikau-Palme, die südlichste Palmenart der Welt, die purpurfarbene Blüten trägt und bis zu zehn Meter hoch wird –, Nadelbäume wie Podocarpus, Dacrydium und Phyllocladus sowie Baumfarne. Ganz unterschiedliche Vegetationstypen treten auf den beiden Inseln auf: Die Nordinsel ist von einem Buschwald mediterranen Typs und andererseits durch lichten, feuchten Wald bedeckt, in dem die Baumriesen der Kauri-Fichte, die bei einem Umfang von 16 Metern 55 Meter Höhe erreichen können, sowie des Pohutukawa die beherrschende Art sind. Auf der Südinsel ist der Wald der südlichen Hemisphäre vertreten, in dem vor allem Buchen und Rimu (mehr als 50 Meter hohe Rotkiefern) wachsen. Oberhalb 1500 Höhenmeter bedeckt eine Pflanzenwelt, die an die Alpen erinnert, den Boden.

Die Tierwelt ist noch ärmer an Arten als die der Pflanzen. Abgesehen von den durch die Polynesier eingeführten Tieren wie Schwein, Hund und Ratte und den von den Europäern ins Land gebrachten Tieren (Hirsche, Pferde, Hasen, Hermeline und vor allem Rinder und Schafe), beschränken sich die Säugetiere auf zwei Abarten der Fledermaus und auf die tief im Süden lebenden Meeresbewohner (Seehunde, Hooker-Seelöwen und Pinguine). Reptilien und Amphibien sind ebenfalls nur mit wenigen Arten vertreten.

Manche sind lebende Fossilien, wie der Tuatara, der das einzige bis heute überlebende Reptil des Erdmittelalters darstellt und somit die älteste lebende Tierart ist. Tuataras wirken auf den ersten Blick wie gelbgrüne, mit Scheinstacheln auf dem Rücken bewehrte große Eidechsen, werden etwa 60 Zentimeter groß und bis zu 60 Jahre alt.

Dagegen gibt es reichlich Vögel und Insekten, was Ornithologen zu der Aussage veranlaßt, Neuseeland sei die Vogelinsel. Viele sind Laufvögel, die nicht mehr fliegen können, wie der Kiwi (Apteryx australis), der Takahe (Notornis mantelli) und der Weka (Gallirallus australis). Das ungewöhnlichste Exemplar war der Moa, dessen größter Vertreter (Dinornis) über drei Meter hoch war und der endgültig nach der Ankunft der Maori ausstarb, die ihn unerbittlich bejagten. Heute zeugen nur noch Knochenfunde von diesem bis zu 230 Kilogramm schweren Urvogel, der um das Jahr 1500 verschwand. Bei der Trennung Neuseelands von Gondwana hatten die Vögel noch keine Konkurrenten in Gestalt der großen pflanzen- und fleischfressenden Säugetiere. So blieben ökologische Nischen frei, die von den heutigen Vögeln eingenommen werden konnten, nachdem sie nicht mehr in den Bäumen lebten. Da sie keine natürlichen Feinde hatten, entwickelten sie sich zu Laufvögeln.

Die Maori

Neuseeland hat etwa 3 500 000 Einwohner, wovon fast 90 Prozent europäischer Herkunft sind. Eine kleine Kolonie asiatischer (Chinesen, Inder) und arabischer Einwanderer (Libyer, Syrer) bilden etwa 1,5 Prozent der Bevölkerung. Der Rest besteht aus etwa 300 000 Maori, direkten Nachfahren der Polynesier, die die Insel im 10. nachchristlichen Jahrhundert bewohnten.

Der Überlieferung nach kamen die Maori im Lauf der Zeit auf langen Booten von «Hawaiki», das einige für die Marquesas- oder die Samoa-Inseln halten. Ebenso ist überliefert, daß der erste aus Rarotonga stammende Maori-Seefahrer, der zu Beginn des 10. Jahrhunderts an der Westküste der Nordinsel anlegte, Kupe hieß. Zehn Großkanus mit jeweils bis zu 100 Passagieren sollen auf seine Veranlassung Neuseeland angesteuert haben. Zwei Jahrhunderte später stießen weitere, von

Der Kiwi wurde zum Nationalsymbol Neuseelands. Er ist ein nachtaktiver Laufvogel.

▷ Der Nationalpark von Wakarewarewa auf Rotorua ist für seine Geysire berühmt. Der größte speit mehrmals in der Stunde eine über 20 Meter hohe Fontäne aus.

Im Unterholz der Wälder im nördlichen Neuseeland finden sich zahlreiche Baumfarne und Epiphyten.

Aktive Vulkane gibt es überall auf der Südinsel Neuseelands. Kleine Seen, deren Wasser von den darin gelösten Mineralien verfärbt ist, verströmen einen beißenden Geruch.

Die Maori-Bildhauerkunst ist berühmt im gesamten polynesischen Raum. Sie findet ihren Ausdruck sowohl in den prachtvollen «marae» (Gemeinschaftshäusern) als auch in Gegenständen des täglichen Lebens, die wie diese Taubenschläge in Kunstwerke verwandelt werden (alle drei Bilder).

Toi, Whatonga und Mangaia durchgeführte Expeditionen bis auf die Nordinsel vor. Schließlich soll sich gegen Mitte des 14. Jahrhunderts eine große Wanderungsbewegung von Tahiti aus vollzogen haben.

Der verbissene Kampf gegen die Kolonisierung

Der Ruf der Maori als tapfere Krieger und ihr legendärer Kampfgeist waren im gesamten polynesischen Raum bekannt. Die Europäer hielten sich lange Zeit von ihren Küsten fern, obwohl Abel Tasman die Inseln bereits im Jahr 1642 erwähnte. Er nannte seine Entdeckung Staten Land, dieser Name wurde später nach der holländischen Provinz Seeland in Nieuw Zeeland umgeändert. Nachdem seine Matrosen bei dem Versuch, von Bord zu gehen, allerdings von den Maoris heftig attackiert worden waren, verzichtete er auf eine Landung.

Als James Cook im 18. Jahrhundert in der Poverty Bay an der Ostküste der Nordinsel Anker warf, überstieg die Zahl der hauptsächlich auf der Nordinsel konzentrierten Maori nicht 250 000. Die ersten Kontakte waren ziemlich kühl, gaben jedoch zu keinen größeren gewalttätigen Konfrontationen Anlaß.

Ganz anders lag der Fall allerdings, als im darauffolgenden Jahrhundert die Besiedlung durch die Briten begann. Walfänger und Abenteurer aller Art ließen sich in Neuseeland nieder. Großbritannien schickte wie nach Australien auch dorthin Sträflinge, das Land wurde von Sydney in Australien aus verwaltet.

Auch die Kirche entsandte bald ihre Missionare in die Bay of Islands, dem damaligen Zentrum der weißen Siedler. Die Einwanderung erreichte um 1840 ihren Höhepunkt. Die mit den Maori unterzeichneten Verträge wurden trotz der Bemühungen der britischen Krone ständig verletzt, und eine Reihe blutiger Kriege entbrannte. Die Maori, deren Zahl schon durch die von den Europäern eingeschleppten Epidemien dezimiert worden war, wurden trotz erbitterter Gegenwehr zu Tausenden niedergemetzelt. Sie waren im Begriff auszusterben, als London strenge Maßnahmen zu ihrem Schutz ergriff. Trotzdem gab es gegen Ende des 19. Jahrhunderts nur noch 42 000 Maori. Ein starkes Bevölkerungswachstum ließ die Zahl auf heute 300 000 Menschen ansteigen, die alle relativ gut in die Gesellschaft integriert sind. Viele von ihnen leben in den Städten. Die anderen wählten ein Leben auf dem Land ihrer Ahnen, vor allem im Zentrum und im Osten der Nordinsel. Kraft des am 6. Februar 1840 an der Bay of Islands unterzeichneten Vertrags von Waitangi, in dem die Briten das Recht der Maori auf ihr Land anerkannten und festlegten, daß Landverkäufe der Urbevölkerung nur an die britische Krone erfolgen sollten, besitzen die Maori immer noch 1 600 000 Hektar Land.

Kunst von hohem Niveau

Vielleicht weil sie in großer Entfernung von den Wurzeln und Ursprüngen ihres Volkes lebten, entwickelten die Maori eine eigenständige Kunst, Musik und Literatur von höchstem Niveau, die im gesamten polynesischen Raum ihresgleichen sucht, und brachten sie zu einer die ursprünglichen Wurzeln weit hinter sich lassenden Vollendung. Als ob sie das Andenken an ihre Herkunft ohne irgendeine Veränderung aufrechterhalten wollten, pflegten sie deren Eigenschaften bis hin zur Karikatur.

Die Maori waren die wildesten polynesischen Krieger, denen die Europäer gegenübertreten mußten. Noch heute singen die Männer, das Gesicht mit rituellen «moko» bemalt, die Zunge herausgestreckt, um den Feind zu erschrecken, beeindruckende «haka», alte Kriegslieder. Manche tragen um den Hals «tiki» aus Jade, die von der Südinsel – auch Jade-Insel genannt – stammt

Die ursprünglichsten künstlerischen Zeugnisse sind Skulpturen und Flachreliefs. Auf diesen werden in Form von Hochreliefstatuen, ornamentgeschmückten Friesen, Steven und Hecks von Booten fast immer stilisierte menschliche Wesen oder geometrische kurvig-lineare Motive dargestellt. Die Flachreliefs zeigen im allgemeinen ein menschliches Antlitz. Es wird von einem großen Mund mit stark geschwungenen Lippen gekennzeichnet, deren spitz zulaufende Form an einen Vogelschnabel erinnert. Dieses Gesicht wird im Hintergrund, der sich aus gekrümmten Motiven oder Spiralen zusammensetzt, in stilisierter Form wiederholt.

Kunstvolle Ornamente schmücken auch die prachtvollen Gemeinschaftshäuser in den *pa* genannten palisadenbewehrten Dörfern. Ein weiteres Beispiel für die hochstehende Handwerkskunst sind die *tikis*, Amulette aus dem traditionell verwendeten Jadestein, sowie die Auslegerboote, die man früher für die Reise, im Krieg und bei Zeremonien benutzte.

Die Musik der Maori ist in erster Linie volkstümlich. Sie weist alle Eigenheiten ostpolynesischer Musik auf. Die von Götter- und Heldentaten kündenden epischen Gesänge werden oft von Tänzen begleitet. Die bedeutendsten sind die verschiedenen *haka*, kraftvolle Kriegslieder, die dem Feind Angst einflößen sollen.

Die Literatur greift alle polynesischen Legenden auf, spinnt sie jedoch noch weiter und schließt die nicht durch andere Überlieferungen gefüllten Lücken. Die Erzählungen der Maori sind in großen Zyklen zusammengefaßt, die an die Sagenkreise des mittelalterlichen Europa erinnern.

Einer der berühmtesten Helden, einer dieser *tricksters*, wie die Engländer sie nennen, ist Maui, der Kulturstifter, der die Menschen den Göttern vorzog. Er verlangsamte den Lauf der Sonne, um den Tag zu verlängern, trennte den Himmel von der Erde, um den Menschen ein besseres Atmen zu gestatten, brachte ihnen Feuer und Nutzpflanzen und kam schließlich um, als er ihnen die Unsterblichkeit verleihen wollte. Ihm schreiben die Maoris auch die Entstehung ihrer Heimat zu, denn er soll Neuseeland als einen gewaltigen Fisch, auf dessen Rücken ein ganzes Dorf stand, mit seinem Angelhaken an Land gezogen haben.

Seine unzähligen Abenteuer waren ursprünglich Teil des Erbes, dessen Überlieferung und Weitergabe der aristokratischen Schicht der Maori-Priester vorbehalten war. Heute sind sie eine Art volkstümliche Weisheiten-Sammlung geworden, die alle Kinder Neuseelands kennen.

In der Tradition der Maori sind die Totems von großer Bedeutung, da sie den Geist der Götter und der Vorfahren darstellen. So sind sie am Eingang der Dörfer oder am Rand von Wegen zu finden, um die Bewohner zu schützen (alle drei Bilder).

▷▷ *Hawaii, von den Amerikanern «Big Island» getauft, ist die größte Insel des Archipels.*

Hawaii ist der nördlichste der polynesischen Archipele. Es ist der fünfzigste Staat der USA und besteht aus acht Hauptinseln: Hawaii (die jüngste und größte, die dem Archipel ihren Namen verlieh), Maui, Kahoolawe, Lanai, Molokai, Oahu (mit der Hauptstadt Honolulu), Kauai und Niihau. Sie liegen, von mehreren Eilanden umgeben, längs einer von Südost nach Nordwest führenden Achse auf einer großen unterseeisch verlaufenden Falte, deren äußerstes westliches Ende das Eiland Kaula darstellt und die im Süden die Fortsetzung der unterseeischen Emperor-Kette ist. Im Südosten Hawaiis, über dem «heißen Flecken» («hot spot»), der – wie bereits für alle Formationen des Archipels geschehen – immer noch die Insel speist, wächst eine neue Insel in Richtung Oberfläche und müßte in ein paar Millionen Jahren auftauchen. Die Amerikaner fanden bereits einen Namen für sie: Loihi. Die Landmasse der Inseln erreicht 16 700 Quadratkilometer bei einer Meeresfläche von 2 160 000 Quadratkilometern.

Eine Kette von Vulkanen

Alle Hawaii-Inseln, die längs einer von Nordwest nach Südost verlaufenden Achse liegen, sind vulkanischen Ursprungs. Erloschene oder aktive Vulkankegel gibt es im Überfluß. Die Struktur der Inseln weist eine Schichtung zahlreicher, vor allem quartärer Basaltströme auf, die imposante Landschaften entstehen ließen. Da sie starker Erosion und reichlichen Niederschlägen ausgesetzt sind, wurden sie nach und nach abgetragen. Ihre Höhe nimmt in Richtung der Verschiebung der Erdkrustenplatte von Südost nach Nordwest ab. So fällt mit 4205 Metern der höchste Punkt auf der Insel Hawaii gegen 3055 Meter auf Maui, 1576 Meter auf Kauai und 390 Meter auf Niihau ab. Die Vulkanformationen im Westen, also die ältesten, sind oft schon auf sehr einfache Atolle reduziert, wohingegen sich im Osten der imposante Fels der zuletzt entstandenen Insel Hawaii erhebt. Sie besteht aus fünf Schildvulkanen; die beiden wichtigsten sind der Mauna Kea (4205 Meter) und der Mauna Loa (4170 Meter).

Dieser, obwohl geringfügig niedriger, stellt mit einem auf etwa 5500 Meter unter dem Meeresspiegel liegenden Sockel und einem Durchmesser von mehr als 400 Metern den größten Vulkan der Welt dar. Er ist auch der aktivste der hawaiischen Vulkane und bricht seit Mitte des 19. Jahrhunderts regelmäßig aus. Die Eruptionen von 1942, 1974 und 1985 hatten besonders zerstörerische Auswirkungen.

HAWAII

In den letzten Jahren zeigt sich ein weiterer Vulkankegel, der Kilauea, noch aktiver. Nachdem er 1990 Lava spie, befindet er sich von neuem in einer Eruptionsphase.

Ein abwechslungsreiches Klima

Die Lage des hawaiischen Archipels unterhalb des Wendekreises des Krebses hat zur Folge, daß sein Klima stärker den jahreszeitlichen Schwankungen unterliegt, als dies im restlichen Polynesien mit Ausnahme Neuseelands der Fall ist. Im Sommer übersteigen die mittleren, durch den Nordost-Passat gemäßigten Temperaturen nicht 26 Grad Celsius. Im Winter bewegen sie sich um 21 Grad. Niederschläge fallen reichlich. Die dem Seewind ausgesetzten Nordost-Hänge fangen jährlich zwischen 4000 und 6000 Millimeter Wasser auf, an manchen Orten (zum Beispiel auf Kauai) bis zu 15 000 Millimeter pro Jahr! Im Gegensatz dazu werden die Südwest-Hänge kaum beregnet; die durchschnittliche Niederschlagsmenge schwankt zwischen 100 und 300 Millimetern. Die Jahreszeiten beeinflussen die Häufigkeit der Niederschläge relativ wenig, da diese abhängig von Höhe und Lage des Reliefs erfolgen.

Dieses Treibhausklima ließ auf dem Hauptteil des Archipels üppige Vegetation tropischen Typs entstehen. Dort sind prachtvolle Arten zu finden, von denen einige von der Holzindustrie sehr gefragt sind, wie zum Beispiel der Sandelholzbaum oder die riesige *koa* (oder hawaiische Akazie). In den tiefer gelegenen und weniger beregneten Gegenden macht die Vegetation einem lichten Wald Platz, in dem *hau* (Hibiskus) und *thespesias* vorherrschen. Die Küstenzonen sind von einer grasbewachsenen, sehr dornigen Savanne bedeckt. Die Tierwelt weist einige interessante einheimische Arten auf, wie den *elepaio* (Fliegenfänger) und den *iiwi* (Honigfresser). Manche sind im Begriff auszusterben, wie die *nene* (oder Hawaii-Gans), der *io* (oder Hawaii-Sperber) und die *opeapea* (eine zu den Fledermäusen gehörende Flughundart), die wahrscheinlich das einzige Säugetier ist, das den Archipel bevölkerte, ohne vom Menschen dorthingebracht worden zu sein.

Auf der Suche nach der verlorenen polynesischen Identität

Polynesier überwiegend samoanischer und tahitianischer Herkunft lebten auf dem hawaiischen Archipel, als James Cook ihn 1778 entdeckte, zwei Jahrhunderte, nachdem es die Spanier angesteuert

◁◁ Die Insel Oahu wurde durch das amerikanische Gesellschaftssystem tiefgreifend verändert. Nur den Polynesiern an der Westküste wie hier in Makaha gelang es, einen Teil ihrer Authentizität zu bewahren.

Die riesigen Lavaströme der zahlreichen Ausbrüche des Kilauea schieben sich Richtung Meer von Apua bis Waha'ula Heiau. Der Vulkan ist ständig aktiv. Die flüssige Lava ergießt sich in unterirdische Tunnels und beendet ihren Lauf in den brodelnden Fluten des Meeres (beide Bilder).

hatten. Begeistert vom Empfang durch die Bewohner und den zauberhaften Rahmen, schätzte der englische Kapitän, daß «mindestens 300 000 Menschen … ein wildes und gesundes Leben … auf den Sandwich-Inseln führten» (so benannt nach dem Ersten Lord der Admiralität). Das hielt die Eingeborenen jedoch nicht davon ab, James Cook im folgenden Jahr umzubringen.

1855 erfaßte eine Volkszählung 65 000 Hawaiianer. Am Ende des 19. Jahrhunderts gab es nur noch 45 000 Menschen, was einen enormen Bevölkerungsschwund bedeutete. Die Faktoren, die gewöhnlich einer solchen Entwicklung vorausgehen, sind ja zur Genüge bekannt: aus Europa eingeschleppte Krankheiten, Massaker, Verschleppungen, Kolonisierung, Christianisierung …

Es gibt jedoch einen weiteren, dem hawaiischen Archipel eigenen Gesichtspunkt, der diesen ungewöhnlichen Rückgang erklärt. Bei der Ankunft der Europäer waren die Insulaner untereinander nicht geeint. Obwohl der Archipel von einer Dynastie mächtiger Könige beherrscht wurde, waren die verschiedenen Inseln nicht in der Lage, ein gesellschaftlich-kulturelles Gefüge zu schaffen. Dieses System hätte sich, wenn schon nicht eigenständig, wenigstens auf gemeinsame polynesische Wertvorstellungen gründen können. Jede Gruppe schuf ihr eigenes politisches, immer sehr hierarchisch strukturiertes System, das sie mit ihren Nachbarn nicht teilen konnte oder wollte. Häufig herrschte Krieg zwischen den verschiedenen Inseln. Die hawaiische «Zersplitterung» kam den verschiedenen Eroberern, Siedlern und Missionaren zugute, die ihre Herrschaft auf diese Zwietracht stützten.

1875 entschied sich das Schicksal Hawaiis. Die USA unterzeichneten mit der auf der Hauptinsel regierenden Familie einen Handelsvertrag über den Zuckerexport, der ihnen de facto die gesamte Wirtschaft des Archipels überantwortete. Sofort kamen zahlreiche Einwanderer aus Europa, Japan, China und vor allem aus den Vereinigten Staaten. Die Bevölkerung verdreifachte sich innerhalb von 20 Jahren, und die polynesische Identität der Hawaiianer begann, rapide zu schwinden. Nachdem Königin Liliuokalani abgesetzt worden war, überschlugen sich die Ereignisse. Die Monarchie wurde 1894 durch eine Republik unter amerikanischer Bevormundung ersetzt. 1898 annektierten die USA den Archipel und gliederten ihn 1959 als fünfzigsten Staat ein. Der amerikanische Lebensstil verdrängte die letzten polynesischen Bräuche vollends. Die hawaiische Bevölkerung wurde von einer kosmopolitischen Gesellschaft buchstäblich aufgefressen, verstädtert und amerikanisiert und löste sich damit in der uniformen, gesichtslosen Masse auf.

Nahezu 1300 000 Menschen leben auf Hawaii, das somit der am stärksten bevölkerte Archipel Ozeaniens ist. 87 Prozent sind nichtpolynesischen Ursprungs; es gibt also bedeutende Anteile Weißer (34 Prozent der Bevölkerung), Japaner (24 Prozent), weiterer Asiaten (13 Prozent Chinesen, Koreaner und Filipinos) sowie zahlreiche Mischlinge und verschiedene Ozeanier. Die 170 000 polynesischen Hawaiianer stellen nur 13 Prozent dar. Trotzdem werden die überlieferten Bräuche seit den siebziger Jahren wieder stärker gepflegt. Auf den Inseln ohne japanische Mehrheit scheinen die echten Hawaiianer die Werte ihrer Ahnen wiederentdeckt zu haben. So ist zu beobachten, daß präeuropäische Kulthandlungen und Riten wieder ausgeübt werden, zum Beispiel die Opfer an Pele, die Göttin der Vulkane, oder die Eheschließung durch den traditionellen Priester. Die als *tapu* (tabu) bezeichneten Orte werden wieder respektiert.

Im Gegensatz zu dem, was in Französisch-Polynesien geschieht, folgt die junge Generation in anderer Weise dem Weg ihrer Eltern. Das Überleben der hawaiischen Seele und vielleicht schließlich das Entstehen einer eigenen hawaiischen Identität wird von der Entscheidung des Archipels am Anfang des dritten Jahrtausends abhängen, wenn es zwischen amerikanischer und polynesischer Authentizität wählen muß.

Einige der zahlreichen Felszeichnungen, die die ersten Polynesier in die weiche Lava gravierten. Viele Kunstwerke wurden leider wieder durch die unaufhörlichen Lavaströme überdeckt.

Die alten Kulthandlungen werden seit etwa 15 Jahren erneut gefeiert. Dank des Bemühens der jungen Generation erstarkt die hawaiische Seele wieder. Auch dieser Eingeborenen-Priester von Waimea hat an die Vergangenheit angeknüpft und überliefert die Bräuche.

Der mächtige Tu, der polynesische Gott des Krieges, heißt auf Hawaii Ku.

Einige überlieferte Kulthandlungen, wie die Begrüßung Peles, der Göttin der Vulkane, werden nach langer Zeit des Vergessens wieder praktiziert.

Die Fregattvögel leben in den windstillen Zonen der am dünnsten besiedelten Inseln, hier auf Lanai. Die Männchen blasen bei der Balz ihre rote Tasche auf. Die Jungen sind mit einem dichten weißen Flaum bedeckt (oben und Mitte).

Die massive Abholzung der Insel hat die hawaiische Vogelwelt dezimiert. Um sie zu ersetzen, führten die Bewohner neue Arten ein, die sich, wie die gestreifte Taube, rasch vermehren (unten).

Die Gliederung der Hawaii-Inseln wird von einer Folge erloschener Vulkane bestimmt. Auf Oahu formen sie das kompakte Massiv der Koalau-Berge, die das Rückgrat der Insel bilden.

Ausblick

An der Schwelle zum 21. Jahrhundert ist der pazifische Raum dabei, der neue Mittelpunkt der Erde zu werden. Zu beiden Seiten des großen Ozeans befinden sich die meisten der Großmächte von heute und morgen: Im Osten liegen Kanada, die Vereinigten Staaten und Mexiko, im Westen befinden sich Rußland, China, Japan, Australien und – nicht weit davon entfernt – Taiwan und Indonesien.

Der Pazifik bietet durch seine Fischgründe und den Reichtum an Mineralien auf dem Meeresboden zahlreiche Zukunftsperspektiven. Das dritte Jahrtausend wird weder auf die Nutzung von Gezeitenenergie noch auf die Meereswärmeenergien noch auf die vielfältigen biologischen Ressourcen verzichten können.

Bereits seit den fünfziger Jahren wurde von den Amerikanern, dann von den Russen die Verschiebung des geostrategischen und politischen Zentrums der Welt in Richtung Ozeanien ein-

geleitet. Dieser Vorgang wurde seit 1965, vor allem durch das Auftreten Japans, Australiens und Neuseelands, danach – weniger forciert – Kanadas und Indonesiens noch verstärkt. Die Europäer bemühen sich, nicht den Anschluß zu verlieren, indem sie ihren Besitzungen oder assoziierten Staaten in diesem Gebiet zur Weiterentwicklung verhelfen; das gilt vor allem für Frankreich und seine Überseegebiete und für die Engländer und ihre jetzt im British Commonwealth organisierten früheren Kolonien. Es herrscht eine harte Konkurrenz zwischen all diesen Industriemächten, die darauf aus sind, sich ein großes Stück vom «ozeanischen Kuchen» zu sichern. Die Rivalität macht sich gleichzeitig in drei Bereichen bemerkbar: auf wirtschaftlichem, politisch-strategischem und kulturellem Gebiet. Derzeit, und vor allem seit dem Zusammenbruch des sowjetischen Blocks, sind die beiden Hauptgegner in diesem «Krieg» die USA und Japan. Mittelfristig gesehen wird der Pazifik Gefahr laufen, ein amerikanischer «See» mit Japan als Pächter zu werden.

Was machen jedoch die Ozeanier in diesen großpolitischen Wirren? Auch wenn die Mikronesier, die sich im Machtbereich der USA und Japans befinden, und die Polynesier, die unter amerikanischem und französischem Einfluß leben, einer akzeptablen Zukunft entgegensehen – denn sie repräsentieren das Bild des tropischen Paradieses, das den Menschen des Abendlandes so verlockend erscheint –, welche Chancen sollen dann die australischen Ureinwohner, die Papuas und weitere Melanesier, die weder Investoren noch Touristen anziehen, kurzum alle Völkerschaften des Westpazifik, haben?

Das Einkommen der Eingeborenen beruht im wesentlichen auf Erträgen aus der Landwirtschaft. Abgesehen jedoch von den Nutzpflanzen, die den verschiedenen Völkerschaften die Nahrung sichern, ihnen finanziell aber nichts einbringen, stehen all jene Erzeugnisse, mit denen sie Gewinn erzielen könnten, wie Kopra, Bananen, Kaffee, Kakao, in Konkurrenz mit industriell erzeugten oder subventionierten Gütern. Diese Ersatzprodukte verdrängen rasch die «Naturprodukte» auf dem Weltmarkt, weil sie sehr viel billiger sind. Rohstoffe, deren Nutzung lohnend ist, werden dagegen oft von ausländischen Konzernen oder Gesellschaften ausgebeutet und im Ausland weiterverarbeitet. Diese Firmen streichen den größten Teil der Dividende ein, ohne daß die Einheimischen etwas davon haben.

Bei den Bodenschätzen ist die Lage noch schlimmer. Keines dieser Länder verfügt über die technischen und finanziellen Mittel, seine eigenen Bodenschätze abzubauen. Auf diese Weise sieht Vanuatu sein Mangan schwinden, ebenso wie die Salomon-Inseln ihr Kupfer und ihr Phosphatvorkommen, die Fidschi-Inseln ihr Gold, Neukaledonien sein Nickel oder Bougainville sein Kupfer zur Neige gehen sieht.

Die internationale Ausbeutung, an der alle Industrienationen ohne Ausnahme teilnehmen, kann nur die immer stärkere Verarmung der offiziell unabhängigen Länder nach sich ziehen, die in der Praxis weiterhin im Schatten eines auf seinen Vorteil bedachten «großen Bruders» leben. Das sich einstellende Gefühl der Ungerechtigkeit sowie die Geringschätzung einer eigenständigen Kultur, die oft auf den Rang von Folklore verwiesen wird, können bei den noch immer bevormundeten oder ihres angestammten Gebiets beraubten Menschen auf Dauer nur gewalttätige Konflikte auslösen. Das war zum Beispiel kürzlich bei den blutigen Wirren auf Bougainville und Neukaledonien der Fall.

Die pazifischen Inselbewohner scheinen nur wenig zu haben, was sie der normierenden amerikanischen, japanischen und europäischen Gesellschaft entgegensetzen können. Die Identitätsprobleme der Eingeborenen können nur auf ein grausames Dilemma hinauslaufen: sich der allgemeinen Ordnung unterwerfen und somit die Verbindung zu den Ahnen aufgeben oder aber Widerstand leisten und Gefahr laufen, über kurz oder lang von der Bildfläche zu verschwinden. Vielen Südseebewohnern ist das bewußt. Was jedoch kann getan werden, wenn man unter der Fuchtel einer fremden Macht steht?

Heute gibt es nur elf unabhängige Staaten: Australien, Papua-Neuguinea, die Salomonen, Vanuatu, Fidschi, Kiribati, Nauru, Tuvalu, Westsamoa, Tonga und Neuseeland. Trotzdem versuchten die ozeanischen Völker auf internationaler Ebene gemeinsam zu handeln. Sie schlossen sich in zwei regionalen Organisationen, der Südpazifik-Konferenz und dem Südpazifischen Forum, zusammen. Die erste wurde 1947 gegründet. Ihr Sitz ist im neukaledonischen Nouméa. Alle Pazifikstaaten, gleichgültig welchen politischen Status sie besitzen, nehmen seit 1962 daran teil. Die Konferenz beschäftigt sich mit Problemen der Gesundheit, Ernährung, Umwelt und der Regelung der Fischfangquoten und -zonen. Sie interessiert sich nicht für die auf internationaler Ebene geführten großen Debatten, doch die indirekte Verflechtung der Großmächte mit ihren Problemen läßt sie keine eigenständigen Lösungen finden. Um dem abzuhelfen, wurde 1971 die zweite Organisation ins Leben gerufen. Der Sitz des Südpazifischen Forums befindet sich in Suva auf den Fidschi-Inseln. Allen Widerständen und jeglichem Druck zum Trotz versucht diese Organisation, die wirklichen Probleme Ozeaniens, die in den verschiedenen politischen und wirtschaftlichen Forderungen seiner ursprünglichen Bewohner, der Ozeanier, bestehen, direkt anzugehen. Die Einschätzung der Lage ist ziemlich pessimistisch. Wie könnte es auch anders sein in einer Welt, in der Computer die Geister der Ahnen in die Flucht schlagen, in der Vernunft über alles gestellt wird und das Mysterium zunichte macht und in der Profit die althergebrachten Bräuche ins Lächerliche zieht? Trotzdem: Geschichte kann nicht im voraus geschrieben werden. Manchmal hält sie Überraschungen bereit. Vielleicht werden australische Ureinwohner, Papua-Neuguineer, Melanesier, Mikronesier und Polynesier die Mittel finden, ihre außergewöhnlichen Kulturen zu erhalten. Über die geistige Kraft verfügen sie ja bereits.

Impressum

Redaktionelle Leitung: Roger Sabater
Graphische Gestaltung: BOWER
Herstellung und Kartographie: PLEIN FORMAT, Marseille

Koordination der deutschen Ausgabe: Cornelia Schubert
Redaktion: Christa Klus
Graphische Realisierung: Schlotterer & Partner, München

Druck: Tipografia Torinese, Italien

ISBN 3 7658 1051 7